KB165796

이중톈 중국사
\10\

삼국시대

易中天中華史: 三國紀

삼국시대

三國紀

易 中 天 中 國 史

이중톈 중국사 \10\

이중톈 지음 | **김택규** 옮김

글항아리

조조는 적벽에서 손권과 유비 연합군의 저항에 부딪칠 줄은 꿈에도 생각지 못했다. 그래서 할 수 없이 스스로 전투선을 불태우고 북방으로 퇴각했다. 이때부터 남방과 북방이 장강을 경계로 나뉘어 다스려졌고 후한 제국도 위, 촉, 오 세 개의 독립 왕국으로 분열되었다.

차례 / 易 / 中 / 天

제1장
원소가 막을 올리다

대학살을 벌이다_013
막을 올린 인물_021
늑대를 집에 끌어들이다_028
문벌에서 군벌로_036
조조의 등장_044

제2장
조조가 채찍을 휘두르다

천자를 맞이하다_055
조조와 원소의 결별_063
장수를 항복시키다_071
유비를 놓치다_079
관도대전_087

제3장
손권과 유비의 동맹

형주의 구원 요청_097
제갈량이 세상에 나오다_105
노숙의 계획_113
손권의 결단_121
적벽대전_130

中 / 國 / 史 /

제4장

천하를 셋으로 나누다

황제가 아니라 왕이라 칭하다_137
유비가 촉으로 들어가다_145
형주 토벌_153
맥성으로 가다_161
이릉대전_169

제5장

제갈량의 통치

유비가 아들을 맡기다_179
제갈량의 집권_187
촉한의 멸망_195
동오의 길_203
다른 길, 같은 결과_211

제6장

도원결의의 꿈에서 깨다

천년의 꿈_221
다시 손권을 말하다_229
다시 유비를 말하다_236
다시 제갈량을 말하다_243
다시 조조를 말하다_250

저자 후기 | 언제쯤 삼국을 잊게 될까_258
옮긴이의 말 | '삼국연의'가 아니라 '삼국시대'를 보라_264
부록 | 본문에 언급된 삼국시대 사건 연표_270

제1장

원소가 막을 올리다

대학살을 벌이다

막을 올린 인물

늑대를 집에 끌어들이다

문벌에서 군벌로

조조의 등장

원래 새로운 세기의 막을 올린 인물은 대범하고 잘생긴 원소였다.
하지만 그가 화를 자초한 탓에 사족지주계급의 시대가 반세기나 미뤄지고 그를 포함해
많은 인물이 군벌로 변신했다. 이런 결과는 그 자신도 예상하지 못했을 것이다.

대학살을
벌이다

후한 영제靈帝 사후의 낙양洛陽은 온 성에 살기가 가득했다.

그때는 후한後漢 왕조의 마지막 시기였다. 얼마 안 가 수도 낙양은 불바다와 폐허로 변하고 통일 제국도 사실상 더는 존재하지 않게 된다. 그들은 내분에 휩싸여 온 성 가득한 살기로 자신들의 멸망을 앞당긴다.

원한과 살육이 외척과 환관 사이에서 펼쳐졌는데 그것은 처음 있는 일이 아니었다. 사실 제4대 황제 유조劉肇 화제和帝부터 헤아리면 후한의 궁정사宮廷史 중 거의 절반이 외척과 환관의 투쟁사였다.

그것은 결코 이상한 일이 아니었다. 후한의 황제 13명 중 10명이 마흔 살도 못 살았고 4명은 아들이 없었다. 또한 제위를 계승할 때 11명이 20세 이하였으며 그중 가장 나이가 많았던 이가 열아홉의 장제章帝, 가장 어렸던 이가 100일도 안 된 상제傷帝였다. 충제沖帝는 겨우

두 살, 질제質帝는 겨우 여덟 살이었다.[1]

이로 인해 두 가지 문제가 생겼다. 첫째, 선제가 아들이 없으면 종실宗室(임금의 직계가 아닌 친족)의 번왕藩王(작위와 봉지를 받은 변방의 왕)들 중에서 계승자를 찾아야 했다. 둘째, 천자가 직접 통치하지 못하면 태후가 국정을 돌보고 외척이 정권을 잡았다. 이것은 여후呂后 시대에 생긴 전통이었다.

그래서 한 화제 때는 두竇태후가 국정을 맡고 두헌竇憲이 정권을 잡았고 한 안제安帝 때는 등鄧태후가 국정을 맡고 등즐鄧騭이 정권을 잡았으며 북향후北鄕侯 때는 염閻태후가 국정을 맡고 염현閻顯이 정권을 잡았다. 그리고 한 환제桓帝 때는 양梁태후가 국정을 맡고 양기梁冀가 정권을 잡았고 한 영제 때는 두태후가 국정을 맡고 두무竇武가 정권을 잡았으며 소제少帝 때는 하何태후가 국정을 맡고 하진何進이 정권을 잡았다.

결국 6번 태후가 국정을 맡고 역시 6번 외척이 정권을 잡은 것이다.

외척이 정권을 장악하면 황제는 당연히 기분이 안 좋다. 그래서 소년 황제들은 직접 국정을 맡은 후에는 바로 정권을 빼앗으려 했다. 이때 그들을 도울 수 있는 세력이 환관이었다. 환관은 자신의 이익을 위해 황제를 돕거나 심지어 황제를 대신해 외척을 죽였다. 예를 들어 염현은 한 순제順帝와 무관하게 환관들이 알아서 죽이기로 결정했다.

한 영제 때의 외척 두무도 환관이 조작한 황제의 명에 의해 살해당

---

1 마흔 살을 못 넘기고 죽은 황제는 열 명이다. 한 장제 33세, 한 화제 27세, 한 상제 2세, 한 안제 32세, 한 순제 30세, 한 충제 3세, 한 질제 9세, 한 환제 36세, 한 영제 34세, 소제 유변 15세다. 소제 유변 외에 아들이 없었던 황제는 네 명이다. 한 상제, 한 충제, 한 질제, 한 환제다. 그리고 스무 살 이전에 제위에 오른 황제는 열한 명이다. 한 장제 19세, 한 화제 10세, 한 상제 100일, 한 안제 13세, 한 순제 11세, 한 충제 2세, 한 질제 8세, 한 환제 15세, 한 영제 12세, 소제 유변 14세, 한 헌제 9세다.

했다.²

양기는 한 환제에게 죽었는데 그 전체 과정을 보면 대단히 놀랍다. 많이 알려진 것처럼 양기는 전횡을 일삼기로 유명한 장군이었다. 그와 그의 아버지 양상梁商은 24년간 대장군을 맡으면서 황제 셋을 겪었다. 그중 둘은 양기의 매부였고 셋 중 둘은 양기가 세웠으며 하나는 양기에게 피살됐다.³

한 환제가 어떤 세월을 겪었을지 상상하기 어렵지 않다.

사실 양태후도 자신의 오빠 양기처럼 횡포했다. 황제가 좋아하는 여자가 생기면 그녀가 누구든 독살했다. 그래서 양태후가 세상을 떠나자, 28세가 되도록 국정을 못 맡아본 한 환제는 결국 결단을 내렸다.

비밀모의는 화장실에서 이뤄졌다.

한 환제는 환관 당형唐衡을 화장실로 불러 물었다.

"너희 중 누가 양기와 원한이 있느냐?"

당형은 자기 말고 선초單超 등 네 명의 이름을 댔다.

한 환제는 또 선초를 불러 양기를 멸할 방법을 물었다.

"그건 어렵지 않지만 폐하가 소신을 의심하실까 두렵습니다."

선초의 말에 한 환제는 이렇게 답했다.

"간신이 나라를 위협해 그 죄가 만 번 죽어 마땅한데, 그자를 제거하는 것을 어찌 의심하겠느냐?"⁴

2 『후한서』「효령제기孝靈帝紀」와 「환자열전宦者列傳」 참고.
3 135년, 양기의 아버지 양상이 대장군이 되었고 141년에 양기가 그 자리를 이어받았다가 159년에 자살했다. 양기는 한 순제와 한 환제를 매부로 삼고 한 질제와 한 환제를 황제로 세웠으며 한 질제를 살해했다.
4 『후한서』「환자열전」과 「선초전」 참고.

그래서 환제는 친히 어전에 올라 지휘했는데, 상서령尚書令을 시켜 궁궐을 지키고 부절符節(조정에서 각종 명령을 하달하는 신표. 명령을 주고받는 쌍방이 반씩을 나눠 갖고 사후에 맞춰봄으로써 진위를 판명했다)을 돌보게 하면서 근위군을 동원해 양기의 저택을 포위하게 했다. 결국 양기 부부는 자살했으며 양씨 가문은 전부 참수되어 조리돌림을 당했다. 그리고 양기와 관련 있는 관리 300여 명을 파면하고서야 외척의 손에서 정권을 환수할 수 있었다.

환제가 이렇게 벼락같이 양기를 멸한 데에는 두 가지 원인이 있었다. 첫째, 양기가 지나치게 포악했다. 둘째, 환제는 한나라의 종실로서 사실 태후와 외척과는 피 한 방울 안 섞인 남이었다.(양태후는 삼대전 황제인 순제의 황후로서 환제의 생모가 아니었다.) 그러면 영제가 죽은 뒤의 상황도 이와 같았을까?

그렇지 않다. 전혀 달랐다.

그러고 보면 한 영제 유굉劉宏은 상황이 꽤 괜찮았다. 34세까지 살았고 아들도 유변劉辯, 유협劉協 이렇게 둘이나 남겼다. 전혀 문제가 없어 보였다.

영제 사후 하태후가 국정을 맡고 하진이 정권을 잡은 것도 문제가 없었다. 유변이 하태후의 친아들이자 하진의 친조카였기 때문이다. 더구나 하태후는 환관들과 사이가 좋았으며 유변도 하진을 제거할 뜻이 없었다. 그렇다면 왜 큰 소동이 벌어지고 결과도 더 심각했을까?

원소袁紹가 끼어들었기 때문이다.

원소는 자가 본초本初이고 한 영제를 지키던 근위군의 두 번째 인물이었다. 그 부대에는 모두 8명의 장수가 있어서 '서원팔교위西園八校尉'라 불렸다. 그중 두 번째인 원소는 중군中軍교위, 세 번째인 포홍鮑鴻은 하군下軍교위, 네 번째 조조曹操는 전군典軍교위였다. 첫 번째 인물인 환관 건석蹇碩은 상군上軍교위이자 대장이었다.

건석은 하진과 갈등이 있었다. 영제가 염두에 두었던 계승자가 장남 유변이 아니라 차남 유협, 즉 훗날의 헌제獻帝였기 때문이다. 영제는 죽기 전, 이 일을 건석에게 맡겼고 건석도 실행할 준비를 했다. 그런데 뜻밖에도 하진이 한발 앞서 유변을 황제로 옹립한 것이다.

하진의 그 행동은 이상할 것이 없었다. 유변이 그의 누이동생의 아들이었기 때문이다.

건석은 성공하기 일보 직전까지 가기도 했다. 당시 그의 계획은 먼저 대장군 하진을 죽이고 유협을 황제로 세우는 것이었다. 하지만 아쉽게도 건석은 자신의 한 부하가 하진의 오랜 친구인 것을 몰랐다. 하진이 궁에 들어왔을 때 그 부하가 정면에서 다가가며 눈짓을 해주었다. 그래서 하진이 얼른 돌아서서 뺑소니를 치는 바람에 건석의 계획은 실패하고 말았다.

이렇게 갈등이 걷잡을 수 없이 커진 데다 건석 쪽에서 또 배신자가 나왔다. 이에 하진은 일거에 건석을 붙잡아 처형하고 그의 부대인 서

원상군西園上軍을 흡수했다.

이 일이 여기서 그쳤다면 모든 것이 평온해져 후한 왕조도 구차하게나마 생명을 부지했을 것이다. 그러나 아직 성에 차지 않았던 원소는 환관을 모조리 척살해야 한다고 하진을 선동했다.

"장군이 천하를 위해 그 화근을 제거하신다면 틀림없이 길이 이름을 남기실 겁니다."

그러나 하진은 망설였다.

망설이는 것이 당연했다. 원래 돼지백정이었던 그는 누이동생이 황후가 되는 바람에 대장군의 자리에 올랐다. 그런 그가 어찌 감히 환관들을 돼지처럼 몰살하겠는가? 그의 누이 하태후도 환관을 죽일 마음이 없었다. 과거에 그녀가 유협의 생모, 왕미인을 독살했을 때 환관들이 황제에게 사정해 겨우 재난을 면한 적이 있기 때문이었다. 그래서 하태후는 이렇게 말했다.

"환관이 황궁을 관리하는 것은 전래의 법이자 제도인데 어떻게 바꾸겠습니까? 하물며 선제가 막 붕어하셔서 천하가 아직 안정되지 못했는데 내가 또 어떻게 노골적으로 사대부의 편에 서겠습니까?"

태후가 허락하지 않아 하진은 더 망설였다.

망설인 결과, 상대에게 기선을 빼앗겼다. 환관 장양張讓 등은 하진이 궁에 들어온 틈을 노려 무기를 들고 그를 에워싼 채 통렬히 꾸짖었다.

"나라의 부패가 다 우리의 과오요? 장군은 말끝마다 우리가 더럽다 하지만 조정에서는 또 누가 깨끗하고 충성스럽단 말이오?"

말이 끝나자 환관 하나가 검을 뽑아 단칼에 하진을 죽였다.

쿠데타를 완수한 환관들은 즉시 조서를 꾸며 세상에 알리려 했다. 이때 그 조서를 받아든 상서尚書가 깜짝 놀라 기어들어가는 목소리로 물었다.

"대장군과 상의해봐야 하지 않을까요?"

그러자 환관 하나가 하진의 수급을 들어 내던졌다.

"대장군은 여기 계시니 잘 상의해봐!"[5]

국면이 순식간에 역전되어 원소도 즉시 행동에 나섰다.

원소는 하진보다 훨씬 독한 인물이었다. 하진이 피살된 후, 혼란에 빠진 낙양성에서 하씨와 원씨 두 가문이 각기 군사를 일으켰는데 원소가 더 적극적이었다. 군대를 이끌고 성 안에서 환관들을 색출해 죽였다. 수염 안 난 남자만 보면 칼을 휘두르는 바람에 많은 젊은이가 부득이하게 바지를 벗어 멀쩡한 몸을 증명해야 했다. 이때 평상시에 선행을 베풀던 환관들도 비명횡사했고 죽은 자가 모두 2000여 명에 달했다.[6]

일단 학살이 시작되자 수습이 불가능했다. 그 결과의 심각함은 원소의 예상을 한참 벗어났다. 한편 막다른 골목에 몰린 환관 장양 등은 어린 황제 유변과 그의 동생인 진류왕陳留王 유협을 위협해 낙양에

019

5 위의 내용은 『후한서』 「황후기」와 「하진전」 참고.
6 『삼국지』 「원소전」과 『후한서』 「원소전」 참고.

서 황하의 강 언덕까지 도망쳤다. 위대한 한 제국의 천자가 칠흑 같은 밤에 거의 난민 신세가 돼버린 것이다.

물론 어린 황제와 왕은 결국 대신들에게 발견됐고 장양 등은 강에 몸을 던져 자살했다. 자살하기 전, 장양은 눈물, 콧물을 흘리며 어린 황제에게 당부했다고 한다.

"저희가 다 죽고 장차 천하가 어지러워질 테니 부디 옥체 보중하소서, 폐하!"[7]

장양의 말은 정확했다. 어린 황제 유변과 그가 대표하는 후한 왕조는 수명이 네다섯 달밖에 안 남아 있었고 환관의 시대도 잠시 종말을 고했다. 그들은 상당히 오랫동안 세력집단으로 활동하지 못하게 된다.[8]

외척들도 함께 종말을 고했다. 그들은 환관 집단과 90여 년간 투쟁을 벌였고 매번 패배를 맛보았는데 오직 이번에만 양쪽 다 파멸했다. 이는 후한 정국의 거대한 변화로서 역사는 이때부터 새롭게 쓰인다.[9]

새로운 시대가 시작되었다.

7 『후한서』「하진전」과 「환자열전」 참고.
8 하진은 중평 6년(189) 8월에, 유변은 초평初平 원년(190)에 살해되었다. 유변이 폐위되고 살해된 후, 후한은 이름만 30년간 지속되었다. 그리고 환관이 다시 세력집단으로 등장해 정치에 영향을 끼친 시대는 당나라 중, 후기와 명나라 시대다.
9 외척과 환관은 이전에 다섯 번 충돌했다. 92년, 한 화제와 환관 정중鄭衆이 함께 두헌을 제거했고 121년에는 한 안제와 환관 이윤李閏이 함께 등즐을 제거했으며 125년에는 환관 손정孫程 등 19명이 군사를 일으켜 한 순제를 옹립하고 염현을 죽였다. 그리고 159년에는 한 환제와 당형 등이 함께 양기를 제거했고 168년에는 환관 조절趙節 등 5명이 두무를 제거했다.

막을 올린 인물

새로운 시대의 막을 올린 인물은 원소다.

새로운 시대는 두 가지를 뜻한다. 하나는 삼국시대이고 다른 하나는 위진남북조시대다. 물론 이것은 아주 엄밀한 견해는 아니다. 왜냐하면 삼국시대의 전반기는 후한에, 후반기는 위진시대에 속하기 때문이다. 한나라의 건안建安 25년은 위나라의 황초黃初 원년이고 오나라의 천기天紀 4년은 진晉나라의 함녕咸寧 6년인데 삼국시대가 어디 있단 말인가?

하지만 진수陳壽의 『삼국지三國志』가 나온 후로 삼국시대는 일반화된 개념이 되었다. 더구나 삼국시대는 위진시대와 확실히 다르다. 시대적 특징도 다르고 통치계급에도 차이가 있다.

그 시대를 연 원소에 대한 역사적 평가는 높지 않다. 어쨌든 실패자였고 잘한 일이 뚜렷하게 없기 때문이다. 환관들을 몰살한 일만 해도 그렇다. 비인도적이고 똑똑치 못한 처사였다. 환관들이 다 악인도 아닌데, 그리고 정치투쟁은 다수를 자기편으로 만드는 것이 핵심인데 어떻게 물불 안 가리고 다 죽일 수 있단 말인가?

안타깝게도 원소는 일부러 그런 잘못을 저질렀다.

지금은 당시 그의 생각을 정확히 알 수 없고 그의 잘못을 감싸줄 필요도 없다. 하지만 원소가 외척과 환관의 투쟁에 뛰어든 데 어떤 심각한 원인이 있었던 것만은 분명하다. 개인적인 은원 관계 때문에 그런 것이 아니었다. 만약 어떤 이익을 노렸다면 그 이익을 두고 그가 대표한 것은 한 집단과 계급, 나아가 어떤 추세였다.

그 집단은 사족士族이며 그 계급은 사족지주였다. 그 추세는 사족 지주계급의 정권 장악이었다. 그러면 원소는 사족이었을까? 그랬다.

사족은 무엇일까? 글자 그대로 보면 사인士人들의 족속, 즉 사인 가문이다. 사인은 한 계층으로서 춘추시대에는 가장 낮은 등급의 귀족 이었고 진한시대에는 가장 높은 등급의 평민(사농공상士農工商)이었다. 단순히 말하면 학자나 지식인, 엄밀히 말하면 공부가 직업인 지식인 이었다.

공부는 경제적 실익이 없긴 해도 사인의 출로는 그것을 통해 관리 가 되는 것이었다. 유학이 독점적 지위를 차지한 뒤로 제국의 중앙정 부는 그들의 관료조직 편입을 환영했다. 건국 초의 군인정부를 차차 문민정부로 바꾸기 위해서였다.

그 결과는 어땠을까? 공부해서 관리가 되는 게 유행이 되었다. 그래서 공부하는 사람은 대대로 공부하고 또 대대로 관리가 되었다. 관료조직은 갈수록 커졌고 공부하는 자들도 갈수록 많아졌다. 이처럼 관리의 숫자가 늘고 문객과 부하까지 더해지면서 특수한 가문과 세력집단이 형성되었고 그들이 벼슬길을 농단하는 일까지 벌어졌다.

그런 가문을 사족이라고 한다. 혹은 대대로 관리가 되는 가문을 뜻하기도 한다.

원소의 가문이 바로 그랬다. 고조부부터 4대가 내리 '삼공三公'의 직무를 맡아서 '사세삼공四世三公'이라 불렸다. 후한의 삼공은 태위太尉, 사도司徒, 사공司空이었다. 그들의 지위는 구경九卿(장관)보다 높고 황제(국가원수) 다음이었으며 재상(총리)에 버금갔다. 원씨 가문은 사세삼공이었으니 당연히 전형적인 사족이었다.[10]

사족 집단은 사실 직업관료 집단이었다.

사족에 대응되는 것은 귀족과 서족庶族이다. 귀족은 황족, 외척, 공후公侯를 뜻한다. 그들은 지위가 존귀하고 작위가 세습되었다. 그러나 귀족이라고 해서 꼭 교양과 학식과 명망이 있지는 않았다. 명망이 있는 쪽은 대대로 경서經書를 계승해온 사족일 수밖에 없었다. 그래서 사족은 망족望族이라고도 불렸다.

망족은 명문이고 명문은 대부분 권세가 있어서 또 세족勢族이라고도 불렸다. 원소의 가문은 권세로 천하를 뒤흔들었다. 아마도 이 때

023

---

10 원소의 고조부 원안袁安은 한 장제 때 사도였고 숙증조부 원창袁敞은 사공이었으며 조부 원탕袁湯은 사공, 사도, 태위를 역임했다. 그리고 부친 원봉袁逢은 사공을, 숙부 원외는 태부太傅를 지냈다. 그래서 '사세삼공'이라 불렸다.

문에 원소는 젊은 나이에도 도도해서 유명한 사람이 아니면 안 만나고 조정의 부름에도 응하지 않으면서 세상의 현자와 각계의 명사들과 교분을 나눴을 것이다.

이로 인해 한 차례 당국의 불만을 사기도 했다. 환관의 우두머리 조충趙忠은 이런 말까지 했다.

"조정의 소환도 무시하고 자신의 도당을 키우고 있으니 원소, 이 어린놈이 뭘 어쩌려는 것인가!"

숙부 원외袁隗도 "네가 우리 원씨 가문을 망하게 할 셈이냐?"라고 꾸짖었다. 그제야 원소는 조금 태도를 삼가고 대장군 하진 밑으로 들어갔다.[11]

하지만 원소는 벼락출세한 하진도 안중에 없었던 것 같다. 그가 뒤늦게 하진과 손을 잡은 데에는 사실 따로 이유가 있었다.

어쨌든 귀족은 작위와 권세가 있고 사족은 권세와 명망이 있었다. 서족만 아무것도 없었다. 서족은 보통 빈한하여 한문寒門 혹은 한족寒族이라고도 불렸다.

귀족, 사족, 서족은 지주계급을 이루는 세 계층이었다.

그런데 이런 구분이 무슨 의미가 있을까?

중화제국의 세 역사 단계를 대표하는 데 의미가 있다.

로마 제국이 폴리스에서 시작된 것과 달리 중화 제국은 방국邦國이 발전하여 이뤄졌다. 방국시대의 천자, 제후, 대부는 모두 영주였지만

11 『삼국지』 「원소전」 배송지주裴松之注의 『영웅기英雄記』 인용문 참고.

제국시대에 국가를 관리한 이들은 영지도 없고 세습도 되지 않는 관료였다. 그래서 방국의 통치계급은 영주계급이었고 제국의 통치계급은 지주계급이었다.

이것이 첫 번째 포인트다.

둘째, 같은 지주계급이어도 몇 가지 유형이 존재했다. 그중 제국제도에 가장 맞는 것은 서족지주였다. 서족은 고귀한 혈통도, 가문의 빛나는 전통도 없이 오직 과거시험만으로 정권에 진입하므로 제국의 중앙집권, 윤리치국(윤리적인 예약제도를 이용한 통치), 관원대리(황권을 위임받은 관료기구의 권력 행사)를 더 효과적으로 보장할 수 있었기 때문이다.

방국제도에 가장 가까운 것은 귀족지주였다. 귀족영주에서 귀족지주까지는 겨우 한 걸음 거리였다. 그래서 방국이 제국으로 바뀌자마자 귀족영주는 바로 귀족지주로 변신했다. 하지만 최종적으로 통치계급이 귀족지주에서 서족지주로 변화하는 것이 역사적 필연이었다.

그러나 변화에는 과정이 필요한데 중간에 그 과정을 메운 것이 사족이었다. 사족은 가문을 중시하는 것이 귀족을 닮았고 공부로 관리가 되는 것은 서족을 닮아서 과도기에 딱 어울렸다.

원소는 바로 그런 추세를 대표했다.

그 추세는 결코 이상할 것이 없었다. 사실 후한 후기에 이르러 사족은 이미 왕조의 세 번째 세력집단이 되어, 벼슬길을 농단하고 여론을 통제하며 집권자로 변신한다는 자신들의 삼대 목표를 부분적으로 실현하기 시작했다.

이것은 실로 보통 일이 아니었다. 벼슬길의 농단은 상부구조의 지배를 뜻하고 여론의 통제는 이데올로기의 장악을 뜻하며 집권자로의 변신은 경제적 토대의 장악을 뜻했다. 이대로 가면 제국은 조만간 사족집단의 것이 될 게 분명했다.

사족지주계급의 정권 탈취는 이미 기정사실이 되었다. 이제 필요한 것은 단 하나, 막을 올릴 인물이었다. 원소는 그렇게 무대에 등장했지만 막을 올린 첫 번째 인물은 아니었다. 첫 번째 인물은 진번陳蕃이었다. 진번은 명사 중의 명사로서 첫 번째 당고黨錮의 화(후한 말, 환관들에 의해 사인들이 숙청되어 죽거나 다시 관리가 되지 못하게 된 사건. 이 사상 탄압은 166년과 169년, 두 번에 걸쳐 일어났다)에 연루된 명사들 중 영향력과 호소력이 가장 강했던 우두머리였다.(이중톈 중국사 9권 『두 한나라와 두 로마』 참고)

진번과 함께 '삼군三君'이라 불렸던 사람은 외척 두무와 종실 유숙劉淑(한 영제의 조부)이었다. 사인집단이 두무, 진번, 유숙 이 세 사람을 우두머리로 민 것은 모두 함께 지지한 결과이자 일종의 통일전선이었다.

바꿔 말해 함께 환관집단을 끌어내리고 싶어했다.

그래서 진번은 일을 벌이기로 결정했다. 훗날의 원소처럼 대장군 두무에게 환관들을 죄다 죽이자고 건의했다. 하지만 국정을 맡고 있던 두태후는 역시 훗날의 하태후처럼 그런 방안에 찬성하지 않았다. 026

도리어 그렇게 한꺼번에 적을 만들려 한 탓에 환관들이 생존을 위해 필사적으로 싸움에 나서게 만들었다.

그것은 건녕建寧 원년(168)의 일이었다. 당시 두무는 대장군이 된 지 겨우 아홉 달이었고 한 영제도 열세 살에 불과해서 환관집단에게 모든 것을 통제당하고 있었다. 결국 두무는 전투에서 패해 자살했으며 진번도 제자 80여 명을 데리고 항의하러 갔다가 붙잡혀 투옥되었다. 한 환관이 그에게 악랄한 말을 퍼부었다.

"죽지도 않는 늙은이. 이래도 네가 우리 밥그릇을 깨고 우리 목을 취할 수 있을 것 같으냐?"[12]

진번은 죽었고 막을 올리려던 그의 시도는 실패로 돌아갔다.

하지만 일어나야 할 일은 결국 일어나게 돼 있다. 21년 후, 원소는 진번이 이루지 못한 사명을 이어받았다. 더욱이 그의 대담함과 경거 망동 때문에 외척과 환관, 이 양대 집단이 함께 제거되어 무대 위에 사족만 남게 되었다.

그러면 사족은 이제 웅대한 포부를 펼칠 수 있었을까? 그럴 수 없었다.

동탁董卓이 왔기 때문이다.

12 『후한서』 「효영제기」 「두무전」 「진번전」 참고.

늑대를 집에
끌어들이다

동탁은 사실 원소가 불러 수도에 들어갔다.

　그렇다. 명령을 내린 사람은 하진이었지만 아이디어를 낸 사람은 원소였다. 원소가 그 아이디어를 낸 것은 원래 하태후를 협박하고 하진에게 용기를 북돋워주기 위해서였다. 그러면서 동탁을 불러 환관들을 상대하게 하는 것은 차도살인借刀殺人, 즉 남의 칼을 빌려 사람을 죽이는 격이라고 말했다. 하지만 안타깝게도 그 칼은 원소의 손에 있지 않았다. 동탁은 진작부터 그 조서를 받기를 고대해왔기 때문이다.[13]

　동탁은 서북 지역의 군벌이었다. 그는 완력이 뛰어나 활을 자유자재로 다뤘고 어려서부터 강족羌族의 우두머리와 왕래했다. 나중에는 잇따른 전공으로 계속 지위가 높아져 한 영제가 죽을 즈음에는 병주并州의 주목州牧이 되었다.

028

13 『후한서』「하진전」 참고.

주목은 한 주의 군사 책임자였다. 후한의 제도에서는 현縣 위가 군郡이고 군 위가 주였다. 그리고 주의 관리로 자사刺史와 주목이 있었는데 자사는 이론적으로 감찰관일 뿐이었다. 주목이야말로 군사, 행정, 재정의 권리를 다 가져서 청대의 총독에 상당했으며 오늘날의 군단장보다 더 권위가 있었다.

주목은 변경의 고관이자 한 지역의 제후였다.

그래서 나중에 원소, 조조, 유비, 손권孫權 그리고 촉한蜀漢의 승상 제갈량諸葛亮까지 모두 주목을 맡거나 겸임했다.

동탁이 병주목이 된 것은 당연히 실력이 있어서였다. 그는 조정의 지배를 받으려 하지 않았다. 조정에서 수도에 들어와 벼슬을 하라는데도 가지 않았고 병권을 내놓으라는 요구는 더 강력히 거부했다. 병사들과 자신이 서로 떨어지기 어려울 만큼 오래 지냈는데 장대한 계획도 거창한 성과도 없이 황제를 뵙는 것은 너무 부끄러운 일이라고 했다!

그것은 물론 핑계였다. 실제 상황을 보면 동탁은 후한 왕조가 얼마 못 가리라는 것을 알고 있었다. 그래서 군대를 거느린 채 자중하며 정국의 변화를 관찰했고, 또 그래서 하진의 명령을 받자마자 이 기회를 놓쳐서는 안 된다고 생각해 즉시 장도에 오르며 엄숙히 선언했다. 장대한 계획과 거창한 성과가 곧 생길 것이라고.[14]

029   백정 출신의 대장군 하진도 동탁의 이런 심상치 않은 태도에 의심

14 『후한서』 「동탁전」 참고.

이 생기지 않을 수 없었다. 그래서 사신을 보내 동탁에게 전진을 멈추라고 조칙을 내렸다. 하지만 안타깝게도 불러들이는 것은 쉬워도 보내는 것은 어려웠다. 동탁은 하진의 말을 들으려 하지 않았다. 다만 사신의 강경한 태도를 보고서 잠시 낙양성 서쪽의 석양정夕陽亭에 군대를 주둔시켰다.[15]

그러다가 낙양성에 큰불이 난 것을 보고서 동탁은 즉시 군대를 출동시켰고 도망치던 어린 황제와 어가를 호위하던 대신들을 좁은 길에서 만났다.

어린 황제는 동탁을 보고 비명을 지르더니 바로 울음을 터뜨렸다. 대신들도 크게 소리쳤다.

"폐하의 명이시다. 동탁은 군대를 철수하라!"

하지만 동탁은 코웃음을 쳤다.

"공들은 나라의 대들보로서 황실의 안정과 사직을 못 지켜 폐하를 떠돌이로 만들어놓고 무슨 자격으로 군대를 철수하라는 건가?"[16]

대신들은 서로 멀뚱멀뚱 보기만 하고 누구도 답을 하지 못했다.

이어서 동탁이 말을 몰고 다가가 황제에게 문안 인사를 했다. 어린 황제 유변은 울먹이느라 말에 두서가 없었다. 다시 아홉 살 진류왕 유협에게 물으니 하나부터 열까지 청산유수로 답을 했다.

동탁은 웃고 나서 유협에게 두 손을 내밀며 말했다.

"어린 왕이시여, 저는 동탁입니다. 자, 제게 안기시지요. 제 말을 타 030

---

15 『후한서』「종소전種劭傳」참고.
16 『삼국지』「동탁전」배송지주의 『전략典略』 인용문 참고.

고 궁으로 돌아갑시다."

유협은 이를 거절하고 동탁과 나란히 말을 몰았다.[17]

바로 이때 동탁에게 황제를 갈아치울 마음이 생겼다고 하는데 당연히 신빙성 없는 이야기다.

동탁은 군벌이라고 해서 머리가 모자라지는 않았다. 처음 낙양에 입성했을 때 그의 병력은 3000명에 불과했다. 그래서 매일 밤 그 3000명을 가벼운 차림으로 성 밖에 나가게 하고 이튿날에는 중무장을 하고 위풍당당하게 다시 들어오게 했다. 그렇게 연달아 며칠을 반복하자, 사람들은 모두 그가 엄청난 대군을 거느린 줄 알았다.[18]

동탁의 속임수는 성공했다.

이와 동시에 그는 뜻밖의 깨달음을 얻었다. 그것은 수도의 인물들을 상대하기가 그리 어렵지 않다는 사실이었다. 그래서 동탁은 더 큰 거사를 추진해 흔들리지 않는 숭고한 지위를 일거에 얻기로 마음먹었다.

그 거사는 바로 황제를 갈아치우는 것이었다.

189년 9월 28일(음력 9월 초하루 갑술일甲戌日), 진류왕 유협이 한나라 천자로 세워져 한 헌제가 되었다. 소제 유변은 홍농왕弘農王으로 떨어져 넉 달 뒤 살해당했다.[19]

동탁은 또 손쉽게 목적을 달성했다.

하지만 이 일은 곱씹어볼 필요가 있다. 왜냐하면 황제를 너무 급작

---

17 『삼국지』「동탁전」 배송지주의 『헌제기獻帝紀』와 『영웅기』 인용문 참고.
18 『삼국지』「동탁전」 배송지주의 『구주춘추九州春秋』 인용문 참고.
19 이해에는 4개의 연호가 쓰였다. 한 영제가 죽기 전에는 중평 6년, 유변이 제위를 이은 뒤에는 광희光熹 원년, 황하의 강 언덕에서 궁궐로 돌아온 뒤에는 소령昭寧 원년, 폐위된 뒤에는 영한永漢 원년이었다.

스레 갈아치웠기 때문이다. 동탁은 수도에 막 입성하자마자 황제를 갈아치운 셈이었는데 도대체 왜 그랬을까?[20]

이것은 오직 동탁만 대답할 수 있는 문제다. 아마도 그의 생각은 단순했을 것이다. "너희는 모두 황제를 두려워하고 황제의 말을 듣지 않느냐. 그런데 내가 황제조차 갈아치운다면 너희는 내 말을 듣지 않을 수 없겠지."

더욱이 소제 유변을 폐하면 하태후를 폐할 수 있었다. 그리고 유협은 국정을 대신 맡아볼 태후가 없었다. 그의 생모 왕미인은 벌써 하태후에게 독살되었기 때문이다. 새 황제가 홀어머니도 없는 고아라면 천하는 쉽게 동탁의 것이 될 수 있었다.

하지만 안타깝게도 동탁은 그럼으로써 자기가 만인의 적이 될 것이라고는 생각지 못했다. 정통 사대부가 보기에 임금과 신하 사이에는 마땅히 지켜야 할 도리가 있고 황제는 한 나라의 근본이다. 그러니 누구든 마음대로 황제를 바꾼다면 그자는 난신적자임이 분명했다.

그래서 동탁은 강한 반대에 부딪쳤지만 전혀 아랑곳하지 않았다. 그는 대신 회의에서 이렇게 말했다.

"옛날에 대장군 곽광郭光이 음란한 창읍왕昌邑王을 폐할 때, 대사농大司農 전연년田延年이 칼에 손을 얹어 다른 대신들도 명에 따르게 했다.(이중톈 중국사 8권 『한무의 제국』 참고) 지금도 같은 상황이니 반대하는 자는 군법에 따라 처리하겠다!"[21]

---

20 동탁이 수도에 입성한 것은 그해 8월 경오일庚午日이었고 황제를 갈아치운 것은 9월 갑술일이었다.
21 『후한서』「동탁전」 참고.

실로 군벌에 어울리는 행태였다.

사실 객관적으로 보면 동탁은 결코 자신이 군벌임을 내세우지 않았다. 그가 낙양에 입성한 것은 군벌이 되기 위해서가 아니라 새로운 질서를 세우기 위해서였다. 심지어 사족에 의지해야 한다는 것도 간파해, 당고의 화를 당했던 이들을 대규모로 복권시키고 환관들에게 핍박을 받았던 명사들을 관리로 등용했다. 자기가 서북 지역에서 데려온 옛 부하들은 고작 하급 군관에 머물게 했다.[22]

이런 일들은 결코 쉽게 해낼 수 있는 것이 아니다.

하지만 아쉽게도 사정은 그의 뜻대로 돌아가지 않았다. 사족은 그와 손을 잡고 싶어하지 않았고 그 역시 사족과 어떻게 손을 잡을지 몰랐다. 예컨대 그는 명사 채옹蔡邕을 등용하려 했지만 채옹은 병을 핑계로 거절했다. 그러자 동탁은 뜻밖에도 사람을 보내 채옹에게 이런 말을 전했다.

"나라는 사람은 남의 가문을 멸하기를 좋아한다."

채옹은 어쩔 수 없이 수도에 갔다가 결국 왕윤王允에게 살해당했다.[23]

동탁은 사족에 의지해 제국의 새 질서를 수립하려 했지만 새 질서를 어떻게 수립해야 하는지 몰랐고 또 자기 멋대로 행동했다. 그 결과, 새 질서는 수립되지 못했고 낡은 질서의 수명도 끝에 달했다.

이미 천하의 대란은 피할 수 없는 일이 되었다.

---

22 『후한서』「동탁전」에 따르면, 동탁은 진번과 두무 등 청류당淸流黨 인물들의 명예를 회복시키고 그 자손들을 중용했다고 한다.
23 『후한서』「채옹전」 참고.

사실 앞에서 서술한 큰 난리를 겪은 뒤, 외척과 환관은 더 이상 재기할 수 없게 되었다. 이때 동탁이 사족이었거나 사족이 받아들일 수 있는 자였다면 아마도 역사는 달라졌을 것이다. 아쉽게도 동탁은 스스로 사족이 가장 증오하는 대상이 되었다. 그가 임명하고 선발한 관리들까지 훗날 그의 죽음을 바라고 재촉했다.

이때 늑대를 집에 끌어들인 원소는 또 어떤 생각을 하고 있었을까?

원소의 생각을 기술한 사료는 존재하지 않는다. 하지만 그와 동탁이 한 차례 정면충돌하고 그 발단이 황제 교체였던 것은 확실하다. 동탁은 횡포한 인물이기는 했지만 그런 큰일을 벌이려면 사람들의 지지가 필요하다는 것쯤은 알고 있었다. 그런데 원씨 가문은 4대가 삼공을 지낸 명문가였고 원소의 숙부 원외는 또 당시 조정의 태부였으므로 동탁은 원소를 불러 자신의 계획을 밝혔다.

원소는 물론 찬성할 수 없었다.

이에 동탁은 버럭 화를 내며 손을 검에 얹고 욕했다.

"이 머리에 피도 안 마른 놈 같으니! 천하의 큰일은 내가 결정하면 그만이란 말이다. 이 몸이 하려는 일을 감히 누가 반대를 해! 너는 이 동탁의 칼이 얼마나 빠른지 시험해보고 싶으냐?"

원소도 지지 않고 맞섰다.

"이 세상 천지에 설마 귀하의 칼만 빠를 것 같소?"

그는 말을 마치고 칼을 뽑더니 두 손을 마주잡고 허리를 푹 숙이고

는 가버렸다.[24]

원소는 그날로 수도 낙양을 떠나 기주冀州로 도망쳤다.

우리는 마찬가지로 당시 원소의 생각과 심정도 알 길이 없다. 아마 그 짧은 한 달 사이의 격변이 그를 한 단계 성장시켰을 것이다. 적어도 그는 한 가지는 분명히 깨달았을 것이다. 그 동란의 시대에 가문이나 명망 같은 것은 아무 짝에도 쓸모가 없고 단지 무력만이 쓸모가 있다는 것을 말이다. 그러면 누가 무력을 장악하고 있었을까? 군벌이었다. 중앙정부를 빈껍데기로 만든 것은 또 누구였을까? 역시 군벌이었다.

그래서 자기 자신을 구하려는 사람이든, 나라를 구하려는 사람이든 모두 군벌이 돼야만 했다.

실제로 원소는 그 길을 택했다.

---

24 이 역사적 사실에 관해 『삼국지』 「원소전」에서는 "원소가 응하지 않고서 두 손을 마주잡고 허리를 푹 숙이고는 가버렸다紹不應, 橫刀, 長揖而去"라고 했다. 동탁과 원소가 서로 칼을 뽑고 마주한 이야기는 배송지주의 『헌제춘추獻帝春秋』 인용문에서 보인다. 배송지는 이 이야기가 사실이 아니라고 생각했지만 『후한서』는 사실로 받아들였다.

문벌에서 군벌로

원소가 군벌이 된 것은 그가 낙양을 탈출한 지 4개월 뒤였다.

그 4개월 동안 벌어진 일은 적지 않았다. 유협이 황제가 되었고 동탁이 상국相國에 올라 세 가지 특권을 누렸다. 황제를 알현할 때 이름을 고하지 않아도 되었고 황제 앞에서도 종종걸음을 안 쳐도 됐으며 신발을 신고 검을 찬 채로 황제를 만나도 상관없었다.

이는 옛날에 소하蕭何가 받은 대접이었다.

그러나 아쉽게도 동탁은 소하가 아니었고 하는 일도 예의와 조리에 어긋났다. 누가 천하의 명사들을 중용해 대중의 신망을 사자고 제안한 적이 있었다. 그는 아주 화끈하게 그 제안을 실행했다. 순상荀爽을 예로 들면 일개 평민에서 삼공의 지위에 오르기까지 겨우 93일밖에 걸리지 않았다. 낙하산도 그런 낙하산이 없었다.

'선비는 자기를 알아주는 사람을 위해 목숨을 바치는 법士爲知己者用' **036**

이니 사족들은 한 가닥 희망을 보았다. 동탁 자신도 아마 의기양양했을 것이다.

그러나 사족들은 금세 실망하고 말았다. 동탁이 동시에 야만적이고 포악한 면을 드러냈기 때문이다. 그는 뜻밖에도 병사들이 민가에 난입해 노략질과 강간과 살인을 저지르게 내버려두었다. 더욱이 빈민 구제와는 상관없이 부자들을 골라 죽이게도 했다. 결국 낙양성의 모든 호족과 부자들이 그의 칼 아래 제물이 되고 말았다.

이런 죄상이 헤아릴 수 없이 많았으며 이대로 가면 나라꼴이 엉망이 될 게 뻔했다. 아무래도 동탁의 산적 근성은 고칠 수 없을 듯했다. 그에게 도리나 예법을 논하는 것은 쇠귀에 경 읽기였다. 따라서 방법은 그를 없애는 것뿐이었다.

동군東郡태수 교모橋瑁가 들고일어났다. 그는 삼공의 편지를 위조해 황제와 문무백관이 동탁의 압박을 받아 스스로 구제할 길이 없으며 각지에서 의병이 일어나 나라를 위기에서 구해주기만 바란다고 표명했다.[25]

이에 너도나도 호응했다.

초평初平 원년(190) 정월에 後후장군 원술袁術, 기주목 한복韓馥, 예주豫州자사 공주孔伷, 연주兗州자사 유대劉岱, 하내河內태수 왕광王匡, 발해勃海태수 원소, 진류陳留태수 장막張邈, 동군태수 교모, 산양山陽태수 원유袁遺, 제북상濟北相 포신鮑信이 동시에 군사를 일으켜 연합군을 조직

---

25 위의 내용은 『자치통감資治通鑑』 제59권 참고.

했다. 그들은 자신들을 '관동의군關東義軍'이라 부르며 역적 동탁의 토벌을 선언했다.[26]

동탁으로서는 악몽의 시작이었다.

악몽인 것은 당연했고 아마 동탁은 화가 머리끝까지 났을 것이다. 왜냐하면 연합군의 적지 않은 장수들은 원래 그가 임명한 자들이었기 때문이다. 후장군 원술, 기주목 한복, 예주자사 공주, 연주자사 유대, 진류태수 장막, 발해태수 원소 등이 다 그러했다.[27]

원소 역시 동탁이 임명했을까?

그랬다. 원소가 낙양을 탈출한 뒤 동탁이 그를 추적해 체포하려는 것을 주비周毖와 오경伍瓊이 만류했다.

"원소는 대세를 못 읽을 뿐이지 사실 큰 뜻은 없는 자입니다. 그를 막다른 골목으로 몰기보다는 은혜를 베풀어 고마워하게 하는 편이 낫습니다. 어쨌든 원씨 가문은 4대가 삼공을 지내서 관련자들이 세상에 가득합니다."

동탁은 이 말을 믿고 원소를 발해태수로 임명했다.[28]

한복, 공주, 유대, 장막 역시 주비와 오경의 건의로 임명되었다. 그래서 그들이 군사를 일으키자마자 동탁은 자기가 속았다고 생각해 홧김에 주비와 오경을 죽여버렸다.[29]

어떻게 사족을 상대할 것인지에 관해 동탁은 완전히 주관을 잃고 말았다.

26 『삼국지』「무제기武帝紀」 참고. 연합군이 '관동의군'이라 불린 것은 당시 그들이 다 함곡관函谷關 동쪽에 있었기 때문이다.
27 『자치통감』 제59권 참고.
28 『삼국지』「원소전」 참고.
29 『삼국지』「원소전」 참고.

위기에서 벗어난 원소는 연합군 지도부에 의해 맹주로 뽑혀 반동
탁 세력의 대표자가 되었다. 또한 그날부터 그는 문벌에서 군벌이 되
었다.

문벌은 무엇이고 또 군벌은 무엇일까?

간단히 말해 '벌閥'은 큰형님이다. 벌이 되었다고 하면 당연히 권세
와 실력이 있어 어떤 영역을 독차지했다거나 어떤 분야에서 지배적
위치에 있음을 뜻한다. 문벌, 군벌, 재벌이 다 그렇다.

하지만 최초의 벌은 문벌이었다.

실제로 벌의 원래 의미는 공로와 등급이다. 고대 벼슬아치 가문의
대문 밖에는 보통 기둥 두 개가 있었고 거기에 그 가문의 공적과 연
혁을 붙였다. 그중 공적을 붙이는 왼쪽 기둥을 벌이라 했고 연혁을
붙이는 오른쪽 기둥을 '열閱'이라 했다. 그리고 이 두 기둥을 합쳐 '벌
열'이라 했다.

벌열 외에 '문망門望'과 '문제門第'도 있었다. 문망은 명망과 평판이고
문제는 귀천의 등급이었다. 문망에는 높고 낮음이 있어서 명망이 높
은 가문을 '망족望族'이라 했다. 문제도 높고 낮음이 있어서 등급이 높
은 가문을 '고문高門'이라 했다. 그리고 이러한 문망(명망과 평판), 문제(귀
천의 등급), 벌열(공적과 연혁)을 다 합쳐 문벌이라 했다.

물론 망족과 고문만 문벌이라 불렸다.

039 그러면 어떻게 해야 망족과 고문이 될 수 있었을까? 공부를 해서

관리가 되고 또 대대로 그렇게 관리가 돼야 했다. 바꿔 말해 문벌은 대대로 관리를 한 존귀한 가문이었다. 그런데 그 관리 자리는 반드시 공부로 얻어야지 돈으로 사거나 싸워서 취하면 안 되었다. 무력에 의지해 강자가 된 경우가 바로 군벌이다.

확실히 문벌은 대대로 존귀한 가문이고 군벌은 무력으로 지위를 높인 집단이었다. 문벌은 명망에 의지했고 군벌은 무장 세력에 의지했다. 그런데 명망은 무장 세력과 싸워 이기지 못하므로 문벌도 군벌과 싸워 이기지 못했다. 문벌이 군벌을 만나는 것은 선비가 병사를 만나는 꼴이었다. 단지 문벌이 동시에 군벌을 겸할 경우를 제외하고 말이다.

원소의 시대가 바로 그랬다.

그것은 결코 이상한 일이 아니었다. 문벌이 벌이 된 것은 벼슬길을 독점했기 때문이다. 그런데 군벌이 발전하려면 반드시 중앙정부가 와해되어야 했다. 중앙이 지방을 통제하지 못하면 강한 자가 세도를 부리고 문관이 국가를 다스리지 못하면 군벌이 횡행하게 마련이다. 이럴 때 겨우 통치계급이 된 사족은 어쩔 수 없이 통치권을 내놓아야 했다.

그래서 원소 같은 대소 문벌들은 군벌이 될 수밖에 없었다.

그런 군벌의 수는 당시 적지 않았다. 그중에는 조정에서 각지에 파견한 주목, 자사, 태수도 있었고 '호패豪覇' '호수豪帥'라고 불린 악덕 토호도 있었다. 그들 중 누구는 지방에서 영웅 행세를 했고 누구는 사설 부대를 양성했으며 또 누구는 관직을 이용해 지역을 완전히 통치했다. 예를 들어 원소와 원술은 문벌 겸 군벌이었고 유표劉表와 유언劉焉은 종실 겸 군벌이었다.

원술은 자가 공로公路이며 원소의 동생이자 사공 원봉袁逢의 아들이었으니 당연히 문벌이었다. 유표는 자가 경승景升, 유언은 자가 군랑君郎이었는데 모두 노魯나라 공왕恭王의 후예로서 당연히 종실이었다. 또한 그들은 다 말을 사고 병사를 모집해 한 지역의 왕 노릇을 했으니 당연히 군벌이었다.

사실 유표와 유언은 둘 다 주목이었다. 유표는 형주목荊州牧, 유언은 익주목益州牧이었다. 조정에서 그들을 그 두 지역에 파견한 것은 원래 중앙을 보위해주길 기대했기 때문이지만 결국 그들은 독립 왕국을 경영했다.[30]

관동연합군의 각 제후도 그러했다. 그들이 군대를 일으킨 것은 명목상으로는 동탁을 토벌하기 위해서였지만 실질적으로는 영토를 빼앗기 위해서였다. 그래서 연합군에 가입한 후로 누구는 자기 한 몸 간수하느라 바빴고, 누구는 흥청망청 시간을 보냈고, 누구는 혼란한 틈을 타 한몫 챙기려 했고, 누구는 이권을 놓고 자기들끼리 칼을 겨눴다. 진정으로 나라를 구하려는 자는 한 명도 없었다.

기주목 한복을 예로 들어보자.

---

30 『후한서』「원술전」「유표전」「유언전」 참고.

한복이 원래 원씨 가문의 부하였기 때문에 원소는 낙양을 탈출하자마자 기주로 달려갔다. 그런데 한복은 감시병을 파견해 원소를 옴짝달싹못하게 만들었다. 결국 관동연합군이 만들어지고 나서야 원소는 행동에 나설 수 있었다.

사실 한복은 연합군에 합류해야 할지 말아야 할지도 결정을 못 내렸다. 동군태수 교모가 거짓으로 삼공의 명의를 빌려 쓴 편지가 당도했을 때, 한복은 부하들에게 뜻밖의 질문을 했다.

"우리가 원소를 도와야 하느냐, 동탁을 도와야 하느냐?"

이에 모사 유자혜劉子惠가 말했다.

"나라를 위해 군대를 일으키는 것인데 원소든 동탁이든 따질 게 뭐가 있습니까?"

한복은 단박에 얼굴이 시뻘게졌다.[31]

이런 작자가 어떻게 동탁과 싸우겠는가?

다른 자들도 마찬가지였다.

그 결과 어떻게 됐을까? 저쪽에서는 동탁의 서북군이 여전히 행패를 부리고 있는데 이쪽의 관동군은 갈가리 찢어져 서로 다툼을 벌였다. 먼저 연주자사 유대가 동군태수 교모를 죽였고 다음에는 발해태수 원소가 기주목 한복을 끝장냈으며, 그다음에는 원소와 원술이 서로를 무너뜨리려 했다. 이때 원술은 북방의 공손찬公孫瓚과 손잡고 원소를 견제하려 했으며 원소는 남방의 유표와 손잡고 원술을 상대하

31 『삼국지』「무제기」 배송지주의 『영웅기』 인용문 참고.

려 했다. 양쪽 다 원교근공遠交近攻(멀리 떨어진 상대와는 친교를 맺고 가까운 상대는 공격하는 수법)의 전략을 사용했는데 그래도 그들이 형제 사이였다는 것이 놀랍기만 하다.

이렇게 해서 원래 어지러웠던 제국은 더 어지러워졌고 문벌의 천하는 군벌의 천하로 변했다. 사실 군벌이 될 마음이 없던 군벌 동탁이 많은 사람을 군벌로 만든 셈이었다.

국난이 눈앞에 닥치고 백성이 도탄에 빠졌다. 그런데도 백성의 고혈을 빨아먹고 비대해진 자들이 서로 아귀다툼을 하는 광경은 실로 눈뜨고 봐줄 수가 없는 지경이었다. 그래서 한 사람이 마침내 일어서서 자기 힘으로 천하의 흥망을 짊어지기로 결심했다. 정의의 깃발을 높이 들어 동탁을 토벌하고 한 황실을 회복하려 했다.

우리는 그 사람이 바로 조조였음을 알고 있다.

조조의 등장

조조는 사실 가장 일찍 동탁 토벌을 위해 군사를 일으킨 인물이었다. 그때는 동탁이 황제를 바꾼 지 석 달이 지난 시점(중평中平 6년 12월)이었고 장소는 기오己吾(지금의 허난성 닝링寧陵), 병력은 5000명이었다. 물론 그것은 그가 가산을 쏟아붓고 진류효렴陳留孝廉 위자衛玆의 찬조를 받은 덕분이었다.[32]

하지만 관동연합군에 그가 있을 자리는 없었다.

그것은 당연한 일이었다. 조조는 사족이 아닐 뿐만 아니라 사족이 가장 증오하고 멸시하는 환관 집안 출신이었다. 그의 아버지 조숭曹嵩은 환관 조등曹騰의 양자였다. 군벌도 아니었으며 5000명의 작은 부대는 언급할 가치도 없었다. 심지어 말단 관직도 하나 없었다. 분무奮武장군이라는 직함도 원소가 준 것이었고 그마저도 대리한 것이었다.[33]

그래서 관동연합군은 그를 안중에 두지 않았다. 오직 제북상 포신   **044**

---

32 『삼국지』 「무제기」의 본문과 배송지주의 『세설신어世說新語』 인용문 참고.
33 동탁은 일찍이 조조를 효기교위驍騎校尉로 임명했지만 조조는 거절하고 낙양을 탈출했다. 연합군 결성 후에 원소는 조조를 분무장군으로 임명했다. 『삼국지』 「무제기」 참고.

만이 그를 눈여겨보고 이런 말을 건넸다.

"지금 세상에서 영웅들을 통솔해 난을 진압하고 바로잡을 수 있는 사람은 당신밖에 없소. 당신은 하늘의 인도를 받는 사람이오!"[34]

포신의 눈은 틀리지 않았다. 조조의 포부와 안목과 지략은 원소보다 훨씬 뛰어났다. 원소가 하진을 부추겨 동탁을 낙양으로 소환했을 때 조조는 웃으면서 말했다.

"환관이 문제가 된 건 그 책임이 군주에게 있고, 그들의 죄를 다스리려면 우두머리를 주살하면 된다. 그것은 옥리 한 명이 맡아도 되는 일인데 왜 군이 바깥의 장수를 부르는지 모르겠군."

그래서 조조는 "단언하건대 원소는 실패할 것이다"[35]라고 했다.

결국 불행히도 그 말은 맞아떨어졌다.

그런데 연합군이 막 조직되었을 때까지도 조조는 여전히 한 가닥 희망을 품고 있었다. 그래서 재삼재사 그들에게 출병할 것을 촉구했으며 심지어 자기가 솔선수범해 직접 소부대를 이끌고 동탁군과 싸우다가 하마터면 전사할 뻔했다. 다행히 사촌동생 조홍曹洪이 말을 양보해줘서 겨우 도망칠 수 있었다.

하지만 결국 어떻게 되었을까?

조조가 돌아온 뒤에도 관동군 십수만 명은 매일 주악을 울리고 술판을 벌였다. 이에 조조는 비분강개하여 말했다.

045   "도의를 위해 군사를 일으키고도 주저하며 감히 나아가지 못하다

---

34 『삼국지』「포훈전鮑勛傳」 배송지주의 『위서魏書』 인용문 참고.
35 『삼국지』「무제기」 배송지주의 『위서』 인용문 참고.

니! 이렇게 천하의 기대를 저버린 당신들이 나는 수치스럽다!"[36]

하지만 안타깝게도 그의 말을 듣는 사람은 없었다. 물론 수치스러워하는 사람도 없었다.

한편 맹주 원소는 한복과 따로 황제를 세울 것을 모의했고 그들이 점찍은 인물은 유주목幽州牧 유우劉虞였다. 이는 동탁이 한 짓과 다를 바가 없었으므로 조조는 극구 반대했다.

"동탁의 죄는 천하에 드러났고 어린 폐하는 미약해 구원을 기다리고 계시오. 당신들이 북쪽(유주)으로 가더라도 나는 서쪽(장안長安)으로 가겠소!"[37]

유우도 극구 사양해서 그제야 원소와 한복은 그만두었다.

포신은 조조에게 원소가 동탁과 전혀 다를 바 없는 인물이라고 하면서 말했다.

"지금은 힘으로 당해낼 수 없으니 우선 몸을 피해 따로 발전을 도모하시오."[38]

조조도 명문세가가 헛된 명성만 있고 문벌은 아예 군벌을 싸워 이길 수 없다는 것을 깨달은 상태였다. 오직 스스로 힘을 키워야만 꿈을 이룰 수 있었다. 그래서 그는 먼저 군벌로 변신한 뒤, 다시 천하를 도모하기로 마음먹었다.

그러면 조조는 무엇으로 그 목표를 실현했을까?

점령, 모병, 둔전屯田, 초현招賢(인재의 선발과 등용)이었다.

---

36 이번 권의 조조 관련 사적은 따로 주석 없이 『삼국지』「무제기」 참고.
37 『삼국지』「무제기」의 본문과 배송지주의 『위서』 인용문 참고.
38 『삼국지』「포훈전」 배송지주의 『위서』 인용문 참고.

기반이 될 땅은 당연히 점령으로 확보했다. 첫 번째 땅은 동군이었고 두 번째 땅은 연주였다. 조조는 동군이 생겨서 태수가 되었고 연주가 생겨서 주목이 되었다. 기반도 생기고 관직도 생기니 일이 손쉬워졌다.

하지만 그 대가는 컸다. 연주목의 직위는 지방 호족들의 추천으로 대행할 수 있었지만 땅은 황건적黃巾賊의 수중에서 빼앗아야 했다. 그 과정에서 포신이 목숨을 잃어 시체조차 찾을 수 없었다. 조조는 할 수 없이 나무에 포신의 형상을 새겨 통곡하며 안장했다.

뜻밖의 수확도 있었다. 원래 청주靑州에서 모였다가 이때 투항한 황건적 병력이었다. 조조는 그들 중 정예병을 뽑아 새로 부대를 꾸리고 '청주병'이라 불렀다.

이와 동시에 한 가지 심각한 문제가 떠오르기도 했다. 그것은 바로 군량과 군수품이었다. 당시 원소 등의 해결책은 "배고프면 약탈하고 배부르면 남은 것을 버리는 것飢則寇略, 飽則棄餘"이었다. 다시 말해 배가 고프면 백성에게서 빼앗고 배가 부르면 아무렇게나 양식을 버렸다. 그 결과는 어땠을까? 군량 부족 때문에 싸우기도 전에 포기하는 자가 속출했다.

이 난제는 조조를 시험대에 올려놓았고 조조가 택한 방법은 둔전이었다.

둔전에는 두 종류가 있었다. 병사와 투항한 적병이 경작하게 하는 것을 군둔軍屯이라 했고 땅을 잃은 농민을 모집해 경작하게 하는 것을 민둔民屯이라 했다. 하지만 어느 쪽이든 군대가 관리하고 토지의 재산권도 국가에 속했으며 정부가 부림소와 농기구를 제공하는 동시에 5할에서 6할의 지대를 거뒀다.

그것은 문제가 되지 않았다. 연이은 전란으로 많은 토지가 주인을 잃어 조조는 그것을 국유지로 편입시켰다. 부림소와 농기구는 황건적에게 거둬들였다. 황건적은 특이한 조직이어서 조직 안에 병사뿐만 아니라 군대를 쫓아다니는 가족과 농민도 있었으므로 당연히 생산도구를 갖고 있었다.

확실히 둔전은 거주의 군사화, 경작의 집단화, 농업생산의 국영화를 이룬 제도였다. 그것은 군대와 민간이 합쳐진 새로운 사회 혹은 경작과 전투가 합쳐진 새로운 군대를 수립하는 것과 마찬가지였다.

조조의 군 당국은 농장주가 되었다.

그것은 대단히 수지맞는 장사였다. 밑천인 토지는 한 푼도 돈이 안 들었고 지대는 5할 내지 6할이어서 거의 폭리 수준이었다. 이 조직은 평상시에는 일을 하고 위급할 때는 전쟁을 해서 식량 창고인 동시에 병력 공급원이었다. 이로써 병사와 농민 모두 먹을 것이 생기니 모두가 환영이었다. 게다가 골치 아픈 유민과 치안 문제까지 해결되니 '일거다득一擧多得'이 아닐 수 없었다.

실제로 조조의 군사와 농민이 풍족한 식생활을 할 때, 원소의 군대는 하북河北에서 오디를 먹었고 원술의 군대는 강회江淮에서 민물조개를 먹었다. 오디와 민물조개가 떨어지면 사람까지 잡아먹었으니 그 모양으로 또 어떻게 싸우고 패권을 다퉜겠는가.[39]

이는 실로 실력의 고하를 드러냈다.

조조는 연주목을 대행해서 근거지가 생겼고 청주병을 편입하여 전투부대가 생겼으며 둔전제를 실행해 거대한 양식 창고가 생겼다. 군대를 움직이기도 전에 식량과 건초가 먼저 마련된 셈이었고 수중에 식량이 있으니 마음이 안정되었다. 그래서 조조는 바쁜 와중에도 여유가 있고 서두르지 않았다.

더 중요한 것은 그에게 인재풀까지 생긴 것이다.

첫 번째로 조조에게 온 주요 인물은 순욱荀彧이었다. 그때는 한 헌제 초평 2년(191)이었으며 순욱의 나이는 29세였다. 당시 원소는 이미 한복의 기주를 빼앗고서 순욱을 귀빈의 예로 대접했다. 하지만 순욱은 원소 곁을 떠나 아직 동군태수에 불과한 조조를 찾아갔다.

그 이유는 간단했다. 원소는 큰일을 이룰 수 없는 인물이라고 짐작했기 때문이다.

조조는 이 뜻밖의 희소식에 기쁜 나머지 "이 사람은 나의 자방子房(장량)이다!"라고 말했다.

순욱도 두터운 기대를 저버리지 않았다. 그는 나중에 시중侍中과 상서령을 맡아 황제와 조조의 관계를 조정하는 동시에 조조의 총참모

---

39 『삼국지』 「무제기」 배송지주의 『위서』 인용문 참고. 당시 한 헌제는 벌써 동탁에 의해 장안으로 끌려갔다.

장 역할을 했다. 건안 17년에 자살을 강요받기까지 순욱은 21년간 조조를 위해 온 힘을 다했다.[40]

곽가郭嘉, 순유荀攸, 종요鍾繇도 모두 순욱이 추천했다.

인재에 목말라 있던 조조는 즉시 순유에게 편지를 썼다.

"지금은 천하가 크게 어지러워 수고스럽더라도 지혜로운 선비가 마음을 써야 할 때입니다. 선생께서 세상일을 수수방관하신 지가 너무 오래되지 않았습니까?"

순유는 즉시 조조 곁으로 갔다.[41]

정욱程昱의 예도 무척 흥미롭다. 연주자사 유대가 기도위騎都尉를 맡아달라고 불렀을 때, 그는 자기가 병이 있다고 말했다. 그런데 조조가 연주에 왔을 때는 부르자마자 달려갔다. 이에 고향 사람들이 왜 그랬느냐고 묻자 정욱은 웃기만 하고 대답하지 않았다.[42]

하지만 곽가는 솔직하게 털어놓았다.

어려서부터 기재였던 곽가도 원소에게서 떨어져나왔다. 떠나기 전, 그는 원소의 모사 신평辛評과 곽도郭圖에게 말했다.

"똑똑한 사람은 자신을 위해 훌륭한 주인을 찾아야 하오. 원공袁公은 아직 사람을 쓸 줄 몰라서 함께 천하를 대란에서 구하고 패왕의 업을 이루기가 무척 힘들 거요!"

그해에 조조는 42세였다.[43]

의병을 일으켜 동탁을 토벌하자고 처음 제창했을 때부터 둔전으로

---

40 『삼국지』「순욱전」 참고.
41 『삼국지』「순유전」 참고.
42 『삼국지』「정욱전」 참고.
43 이 일은 『삼국지』「곽가전」 참고. 『삼국지』「순욱전」에 따르면 순욱이 곽가를 추천한 해는 건안 원년이었고 조조는 그해에 사공이 되었다. 곽가의 직위는 사공 좨주祭酒였으니 곽가가 그해에 조조의 수하로 들어간 것이 입증된다.

전쟁에 대비하고 널리 인재를 받아들일 때까지 조조는 혈기왕성한 청
년 장수에서 마음속에 온갖 계산이 다 서 있는 정치의 고수로 성장
했다. 반대로 과거에 그의 전우였고 지금은 적이 된 자들 중에는 전
도가 유망하거나 크게 발전한 자가 없었다. 천하가 장차 누구의 것이
될지는 이미 정해진 것이나 다름없었다.

언제나 기회는 준비된 자의 것이지만 준비가 돼 있다고 꼭 기회를
얻는 것은 아니다. 만약 준비도 돼 있고 기회도 얻는다면 그것이야말
로 하늘이 도운 것이다.

조조는 바로 그런 인물이었다.

더구나 기회도 일찍 찾아왔다.

제2장

조조가 채찍을 휘두르다

천자를 맞이하다

조조와 원소의 결별

장수를 항복시키다

유비를 놓치다

관도대전

동란 중에 용감히 일어선 조조는 황건군을 토벌하고, 여포를 사로잡고,
원술을 격파하고, 장수를 항복시키고, 유비를 공격하고, 원소를 멸하고, 천자를 받들어
천하를 호령함으로써 역사의 일정표를 완전히 흐트러뜨렸다.

천자를 맞이하다

동탁은 여포呂布의 손에 죽었다.

여포가 동탁을 죽인 것은 당연히 초선 때문이 아니었다. 초선은 역사적으로 존재하지 않았다. 단지 여포가 동탁의 시녀와 정을 통해서 동탁이 그 작은 일로 대로해 여포에게 수극手戟(한손으로 던지거나 찌르는 '복卜' 자 모양의 짧은 창)을 던진 일이 있기는 했다.[1]

그래서 여포는 왕윤에게 괴로움을 하소연했다.

왕윤은 사족에다가 명사였다. 동탁의 집권 당시 조정의 이인자였다. 동탁이 황제를 바꾸고 장안으로 천도하면서 낙양에 불까지 지르는 바람에 하늘도 땅도 분노하고 조정과 민간이 다 혼란에 휩싸였다. 그 결과, 지방관들은 원소를 필두로 토벌군을 일으켰고 조정 관료들은 왕윤을 필두로 암살을 계획했다.[2]

암살의 방해물은 여포였다. 여포는 원래 수도의 위술사령衛戍司令 정

---

1 초선은 원나라 희곡 작가가 날조한 인물이다. 잡극 「연환계連環計」에서는 초선이 임앙任昻의 딸이라 성이 임씨이고 이름은 홍창紅昌인데, 황궁에서 초선관貂蟬冠(담비 꼬리와 금으로 장식한 모자)을 관리한 적이 있어서 초선이라 불렸다고 한다. 『삼국연의』에서는 여포가 왕윤의 미인계와 이간책에 걸려 동탁을 죽였다고 이야기한다.

2 왕윤에 관해서는 『후한서』 「왕윤전」 참고.

원丁原이 아끼던 측근이었다. 그러다가 나중에 동탁에게 매수되어 정원을 죽이고 동탁의 호위관이 되었다. 그런 여포가 동탁에 대한 불만을 털어놓자 왕윤은 뛸 듯이 기뻤다.

왕윤은 여포에게 자신들의 거사에 참여해 자객이 돼달라고 부탁했다. 하지만 여포는 주저했다.

"나와 동공董公의 관계는 부자와도 같은데 어찌 그럴 수 있습니까?"

왕윤은 계속 그를 설득했다.

"장군은 원래 성이 여씨이니 동탁과는 피 한 방울 섞이지 않았소. 지금 자기 목숨도 돌볼 겨를이 없는데 무슨 그런 말씀을 하시오?"

여포는 조정에 나가는 동탁을 노려 살해했다.[3]

이 일은 당연히 사람들을 크게 기쁘게 했다. 소문에 의하면 동탁은 죽은 뒤 시체가 길거리에 놓여 구경거리가 되었다고 한다. 그때 시체를 지키던 사람이 그 배꼽에 심지를 꽂아 불을 붙였는데 밤이 지나 아침이 되도록 꺼지지 않았다고 한다.[4]

그런데 왕윤은 거사에 성공한 뒤, 동탁과 똑같은 과오를 저질렀다. 대학살을 벌여 무고한 사람까지 해친 것이다. 대학자 채옹도 이때 살해당했다. 일설에 따르면 채옹을 죽일 때 많은 사람이 반대했다고 한다. 하지만 왕윤은 고집을 꺾지 않았다.

"당년에 무제께서 사마천을 죽이지 않아 결국 어떻게 됐소? 그가 비방하는 책을 남기지 않았소? 지금 국운이 쇠하는데 어찌 간신이

---

3 『삼국지』 「여포전」 참고.
4 『삼국지』 「여포전」 배송지주의 『영웅기』 인용문 참고.

붓을 들고 어린 천자 곁을 지키게 하겠소?"[5]

결국 동탁의 오랜 부하들이 남은 병사들을 모아 장안으로 돌아왔다. 왕윤은 살해당해 길거리에 시체가 버려졌고 여포는 무관武關을 빠져나가 남양南陽으로 가서 원술에게 몸을 의탁했다. 그리고 조정이 서북 군벌인 이각李催과 곽사郭氾의 수중에 떨어짐으로써 가엾은 한 헌제는 호랑이 입에서 나오자마자 늑대 굴에 빠지고 말았다.

더 기가 막혔던 것은 그 두 마리 늑대가 서로 싸우기까지 했다는 사실이다. 이각은 황제를 자기 진영으로 빼돌렸고 곽사는 대신들을 자기 군영으로 빼돌렸다. 그러다가 수만 명이 전사해 양쪽이 다 치명상을 입은 뒤에야 흥의興義장군 양봉楊奉과 동태후의 조카 동승董承 등이 겨우 한 헌제를 호송해 낙양으로 출발했다.

그 여정은 영락없는 일 년간의 유랑이었으니 천자도 부랑아가 되고 말았다. 건안 원년(196) 7월, 황제는 드디어 낙양에 도착했다. 동탁에 의해 잿더미가 된 그 수도 앞에서 한 헌제는 울려고 해도 더 나올 눈물이 없었다.

그렇게 혼란한 국면은 나라와 민족에게는 당연히 불행이었지만 패권을 다투는 관동의 제후들에게는 절호의 기회이면서 동시에 엄중한 시험이었다. 그들은 과연 자신들이 기회를 붙잡아 발전할 수 있는지, 그리고 나라와 민족에 대해 얼마나 충성스러운지 시험대 위에 섰다.

057 그 결과는 조조의 무리가 시험에 합격했음을 입증했다.

---

5 『삼국지』 「동탁전」 배송지주의 사승謝承, 『후한서』 인용문 참고. 하지만 배송지는 이 일이 사실이 아니라고 생각했다.

실제로 일찍이 초평 3년(192), 연주목을 대행하던 조조는 모사 모개 毛玠와 한 차례 긴 대화를 나눴다. 그 대화는 상당히 오랫동안 조조가 생각하는 정치, 경제, 군사 전략의 기초가 되었다. 한마디로 모개 버전의 「융중대隆中對」(제갈량이 유비에게 제안한 계책. 주된 내용은 유비가 형주와 익주를 취해 조조, 손권과 함께 천하를 삼분해야 된다는 것이었다)라고 불릴 만하다.

모개는 다음과 같이 지적했다.

"동탁의 난 이후, 사회가 불안하고 나라의 근본이 흔들리며 경제가 무너지고 재난이 이어지고 있습니다. 그야말로 나라는 위태롭고 백성은 불안해서 확실히 큰 재능과 지략을 가진 사람이 이 국면을 수습하고 패왕의 위업을 성취해야 합니다. 그러나 애석하게도 원소와 유표 등은 강해 보이긴 하지만 안목이 얕으며 근본을 모릅니다."

그는 이어서 또 말했다.

"그러면 무엇이 근본일까요? 첫째는 정의, 둘째는 실력입니다. 실력 중에서도 또 경제적 실력이 으뜸이지요. 정의의 기치를 세우면 정당한 명분으로 출병을 하고 적을 이겨 승리할 수 있습니다. 그리고 경제력이 생기면 위세가 생겨 나아가고 물러서는 것이 자유로워집니다. 결국 두 가지 길이 생기지요. 나아가면 공격할 수 있고 물러서면 방어할 수 있습니다."

그래서 모개는 세 가지를 건의했다. 천자를 받드는 것과 경작지를 늘리는 것과 군수 물자를 비축하는 것이었다. 천자를 받드는 것은 정치 전략이고 경작지를 늘리는 것은 경제 전략이며 군수 물자를 비축하는 것은 군사 전략이므로 가히 '기본 강령'이라 할 만했다.[6]

조조는 즉각 모개의 건의를 받아들이고 사자를 장안으로 보내 조정과 연락을 취하려 했다. 하지만 하내태수 장양張楊이 가로막아 사자는 경계를 넘지 못했다.

이때 동소董昭라는 사람이 나서서 큰 도움을 주었다.[7]

동소는 원래 원소의 부하였다. 그런데 원소가 참언을 믿고 그를 의심하는 바람에 어쩔 수 없이 낙양으로 가다가 도중에 장양 밑으로 들어갔다. 동소는 조조야말로 천하의 영웅인 것을 알아보고 장양을 설득해 조조와 손을 잡게 하는 한편, 자기 주머니를 털어 조조의 명의로 이각과 곽사에게 선물을 보냈다. 이때부터 조조는 조정과 왕래를 시작해 정식으로 연주목으로 임명되었다.

한 헌제가 낙양으로 돌아가자 조조는 즉시 사촌동생 조홍을 알현하러 보냈지만 이번에는 동승과 원술의 방해에 부딪쳤다. 이와 관련해 동소가 조조를 도운 방법은 양봉을 찾아간 것이었다. 황제 곁의 음흉한 군벌들 중에서 양봉은 가장 강하면서도 아직 기반이 부족해 바깥의 도움을 원했기 때문이다.

그러고서 동소는 조조에게 편지를 보내 자기가 생각해낸 정치적 거래 조건을 제시했다. 양봉이 군대를 움직이면 조조가 군량을 대고 또

---

6 『삼국지』 『모개전』 참고.
7 동소의 사적은 『삼국지』 『동소전』 참고. 동소는 삼국에서 부차적인 인물로 언급되기에도 모자라다. 그러나 맡은 역할은 미미해도 항상 결정적인 순간에 등장하곤 했다. 조조가 천자를 맞이하고 훗날 위공, 위왕이 된 것은 전부 그와 관계가 있다. 졸저, 『삼국지 강의』(김영사, 2007)에 자세한 설명이 나온다.

양봉이 국정을 주도하면 조조가 바깥에서 돕는 것이었다. 동소는 동시에 생사를 함께하겠노라고 조조에게 굳게 맹세했다.

양봉은 동소의 제안을 흔쾌히 수락하고 조조를 진동鎭東장군으로 추천하는 한편, 부친의 작위인 비정후費亭侯를 물려받게 했다. 그리고 이때 마침 동승이 다른 사람과 다툼이 생겨, 낙양으로 군대를 보내달라는 부탁을 조조에게 전했다. 이처럼 조조가 천자를 맞이하는 것을 막는 방해물이 차례로 제거되었다.

8월 18일, 조조는 낙양에 입성해 한 헌제를 알현했다.

조조는 문안 인사를 하면서 황제가 오래 못 먹은 곡물과 술과 고기를 바쳤다. 그는 전혀 생각하지 못했다. 지극히 존귀한 천자의 식생활과 주거생활이 거의 거지나 다름없다는 것을. 황제도 생각하지 못했다. 그 혼란한 세월에 아직도 자기를 염려해주고 떠받들어주는 사람이 있다는 것을. 임금과 신하는 서로 마주본 채 깊은 감회를 느꼈다.

그래서 천자는 명령을 내려 조조에게 부절과 황월黃鉞(황금으로 장식한 도끼. 다른 나라나 적을 정벌할 때 지휘관이 몸에 지닌다)을 내리고 녹상서사錄尙書事를 제수했다. 부절은 군법의 집행 권한을, 황월은 나라 안팎의 지휘권을, 녹상서사는 최고 행정권을 의미했다.

조조는 이제 옛날의 조조가 아니었다.

하지만 그것은 기나긴 장정의 첫걸음일 뿐이었다. 당시 황제는 사실상 홍의장군 양봉의 손아귀에 잡혀 있었다. 다른 사람의 근거지에서 조조가 권위 없는 황제에 의지해 권력을 행사하는 것은 실로 있을 수 없는 일이었다.

동소가 또 조조를 도왔다. 그는 조조의 근거지인 허현許縣(지금의 허난성 쉬창許昌)으로 황제를 모셔가라고 건의했다. 그러면서 낙양에 식량이 떨어져 노양魯陽(지금의 허난성 루산魯山)에서 식량을 가져다 먹으려고 잠시 허현에 가는 것으로 핑계를 대라고 했다. 노양은 허현과 거리가 지척이고 양봉이 있던 양현梁縣(지금의 허난성 루저우汝州)과도 멀지 않아 양봉도 의심할 리 없었다.

조조는 그 계책에 따라 황제를 허현으로 데려갔다.

그제야 속은 것을 깨달은 양봉은 출병해 조조와 싸우려 했지만 도리어 조조에게 근거지 양현을 빼앗겼다. 이처럼 역사에 의해 버림받은 양봉은 갈 곳이 사라져 할 수 없이 자신의 동료와 함께 원술을 찾아갔고 훗날 유비에게 살해당했다.[8]

허현에 살게 된 황제는 무척 만족스러웠다. 조조는 황제의 궁정 생활을 크게 개선시켰을 뿐만 아니라 마치 집사처럼 세심하게 돌봐주었다. 그는 황제에게 일상용품을 제공할 때 나라의 물건을 되돌려준다는 태도를 취했다. "이 물건들은 다 선제께서 소신의 조부와 부친에게 하사하신 것입니다. 지금 폐하의 기거가 불편하니 마땅히 돌려드려야지요."[9]

061 조조의 세심한 마음 씀씀이에 황제는 감동하지 않을 수 없었다. 감

8 『삼국지』 「동소전」 참고.
9 『조조집曹操集』 「상잡물소上雜物疏」 참고.

후한 나머지 자신에게 이런 충신이 생긴 것을, 나아가 하늘이 이런 구세주를 내려준 것을 다행으로 여겼다. 그는 더 이상 유랑할 필요가 없었고 무슨 진귀한 물건처럼 군벌들 사이에서 팔려 다닐 필요도 없었다. 언제 폐출되거나 피살될지 근심하고 두려워할 필요도 없었다. 그에게는 수호신이 생겼으므로 이제 편안히 살아갈 수 있었다.

그래서 천자는 조칙을 내려 조조를 대장군으로 임명하고 무평후武平侯에 봉했다. 무평후는 현후縣侯여서 원래 정후亭侯에 불과한 비정후보다 두 단계 위였다.[10] 더 중요한 것은 대장군이 무제 이후 한 왕조에서 가장 강력한 직위였다는 사실이다. 위청衛靑부터 왕망王莽까지 그리고 훗날의 양기, 하진에 이르기까지 모두가 대장군이었다.

이제 조조는 "천자를 받드는" 절차를 다 완수하고 예전에 없던 높은 지위까지 얻었다. 그렇다면 바로 천하를 호령할 수 있었을까?

그럴 수 없었다. 원소가 원치 않았기 때문이다.

---

10 한나라 제도에서 열후列侯는 세 등급이었다. 정후 위에 향후가 있고 향후 위에 현후가 있었다.

조조와 원소의 결별

원소는 화가 나서 어쩔 줄을 몰랐다.

조조가 대장군이 된 후, 원소는 태위로 임명되었다. 원소는 펄쩍 뛰었다. 태위는 대장군보다 밑이기 때문이다. 원소는 씩씩대며 말했다.

"조조는 옛날에 몇 번이나 죽을 뻔한 것을 내가 구해줘서 살아났다. 그런데 이놈이 이토록 배은망덕할 줄이야. 설마 천자를 끼고 나를 호령하려는 것인가?"[11]

이것이 아마도 이른바 "조조가 천자를 끼고 제후들을 호령"한 것의 시작이자 증거일 것이다. 그가 낀 천자는 헌제였고 그가 호령하려는 제후는 원소였다. 하지만 조조는 이를 인정하지 않았다. 그도 그의 모사들도 그런 말을 한 적이 없으며 "천자를 낀다"는 식의 표현도 쓴 적이 없었다.

063   그러면 조조 측의 논리는 무엇이었을까?

---

11 『삼국지』「원소전」 배송지주의 『헌제춘추』 인용문 참고.

천자를 받드는 것이었다. 천자를 받들어 조정에 불복하는 신하들을 호령하고 역시 천자를 받들어 천하를 호령한다는 것이었다.[12]

천자를 끼는 것과 천자를 받드는 것에 차이가 있을까?

당연히 있다. 그것도 본질적인 차이가 있다. 받드는 것은 존경하고 보호하는 것인데 끼는 것은 협박하고 이용하는 것이다. "조정에 불복하는 신하들을 호령하는 것"은 지방이 중앙에 복종하게 하는 것인데 "제후들을 호령하는 것"은 남이 자기에게 복종하게 하는 것이다. 전자는 강령이고 후자는 책략이며 또 전자는 국가의 통일을 이루려는 것이고 후자는 개인의 야심을 이루려는 것인데 어찌 똑같이 취급하겠는가?

그렇다면 천자를 끼고 제후들을 호령한다는 것은 누가 한 말일까?

남들이 조조가 그렇다고 한 말이다. 예를 들어 제갈량은 조조가 "천자를 끼고 제후들을 호령한다"고 했으며 손권의 한 부하도 조조가 "천자를 끼고 사방을 정벌한다"고 했다. 정치적 적수인 그들은 다 "천자를 끼는 것"이 비도덕적이라는 것을 알고 있었으므로 주저 없이 조조에게 그 죄명을 갖다 붙였다.[13]

사실 그 말을 가장 먼저 입에 올린 사람은 원소의 모사 저수沮授와 전풍田豐이었다. 저수는 "천자를 끼고서 제후들을 호령하고 병마를 모아 불복하는 자를 토벌하십시오"라고 했고 전풍은 "천자를 끼고서 제후들을 호령한다면 손짓만으로 세상이 안정될 것입니다"라고 했다.

---

12 천자를 받들어 조정에 불복하는 신하들을 호령하자는 것은 모개의 견해였고 천자를 받들어 천하를 호령하자는 것은 가후의 견해였다. 『삼국지』 「모개전」과 「가후전」 참고.

13 제갈량의 견해는 『삼국지』 「제갈량전」에, 손권 측의 견해는 『삼국지』 「주유전」에 나온다.

모두 원소에게 올린 건의였다.[14]

두 사람이 쓴 단어도 역시 '끼다挾'였다.

원소의 무리는 처음부터 수준이 그리 높지 않았던 것 같다. 반대로 조조 측에는 "조정에 불복하는 신하들을 호령"하자고 한 모개도 있었고 또 천자를 받들어 백성의 바람에 부응하고 공정한 자세로 영웅들을 복종시키며 의로움을 선양해 인재들을 불러 모으자고 주장한 순욱도 있었다. 이 3대 강령에 관해 순욱은 말했다.

"이 세 가지를 각각 대순大順, 대략大略, 대덕大德이라 하는데 이것들을 지키면 정정당당해서 그 기운이 산과 강처럼 웅장하므로 어디를 가든 지는 일이 없을 겁니다."[15]

순욱은 의로움에서 출발했고 저수는 이익에서 출발했다는 것이 분명하게 드러난다. 순욱은 시종일관 한 가지 주제에 집중한다. 현임 황제를 지키는 것이 국가의 통일을 수호하는 일이고 이것이 '대의大義'라고 했다. 저수는 반복해서 한 가지 책략을 강조했는데, 현임 황제를 장악해 정치자본을 소유하는 것, 이것이 '대리大利'라고 했다.

격조와 품위에서 높고 낮음이 구별된다.

모사의 격조는 곧 주군의 품위다. 저수가 이익에 밝았던 것은 원소가 이익을 중시했음을, 순욱이 의로움에 밝았던 것은 조조가 의로움을 중시했음을 증명한다. 조조는 적어도 그때까지는 의로움을 중시하거나, 의로움을 중시하는 척했다.

---

14 전풍의 견해는 『삼국지』 「무제기」 배송지주의 『헌제춘추』 인용문에 나오고 저수의 견해는 『삼국지』 「원소전」 배송지주의 『헌제전』 인용문에 나온다. 저수의 견해가 먼저이고 전풍의 견해가 뒤였다.
15 『삼국지』 「순욱전」 참고.

하지만 어떠한 견해와 정책도 양날의 검이 될 수 있다. 모개와 순욱이 설정한 정의의 원칙은 조조를 명예롭게 하기도 했지만 동시에 부담스러운 굴레가 되어 그가 평생토록 감히 황제가 되지 못하게 만들었다. 아마도 바로 이런 이유 때문에 조조는 야심이 막 팽창할 때 그들에 대한 원망이 생겼을 것이다. 순욱은 강요된 자살을 했고 모개도 감옥에 들어가서 하마터면 죽을 뻔했다.

이것은 물론 나중 일이므로 지금은 다시 저수를 주목하기로 하자.

저수는 원소가 한복을 속여 기주를 얻고 그 기회에 거둬들인 모사중 하나다. 그가 원소에게 몸을 의탁하기로 한 뒤, 두 사람은 한 차례긴 대화를 나눴다. 모개의 발언이 조조 버전의 「융중대」였던 것처럼 저수의 발언도 원소 버전의 「융중대」라고 할 만했으며 더구나 그 말이 지극히 수려했다.

장군은 어린 나이에 조정에 들어가 세상에 이름을 날렸고 동탁이 천자를 바꾸는 짓을 할 때는 충성과 의리를 떨쳤습니다. 단기필마로 나가 질주하자 동탁이 두려워 벌벌 떨었습니다. 그리고 황하를 건너 북쪽으로 가자 발해가 머리 숙여 따랐고 한 고을의 병사로 기주의 많은 사람을 취하여 황하 북쪽에 위엄을 떨치고 천하에 이름을 날렸습니다. 황건적이 난을 일으켜 흑산黑山에서 발호했을 때는 동쪽으로 출병해 청주를 평정하고 흑산까지 토벌하여 수령 장연張燕을 멸했습니다. 이어서 북쪽으로 돌아가면 필히 공손찬을 격파하고 융적戎狄을 위협하는 한편, 흉노가 필히 따를 겁니다. 황하 이북을 종횡하고 4개 주를 합치고서 널리 영웅을 모집해 100만 세력을 거느리십시오. 그리고 그때 천자의 수레를 서경西京(장안)으로 맞이하고 종묘를 낙읍洛邑(낙양)에 다시 둔 채 천하를 호령하고 아직 수복 못 한 자들을 토벌하십시오. 그렇게 겨룬다면 그 누가 대적할 수 있겠습니까? 몇 년만 지나면 어렵지 않게 그 공을 이룰 겁니다.

이 발언은 원소의 피를 뜨겁게 달궜다. 그는 당장 "내 생각도 그와 같소"라고 말했다. 그러나 애석하게도 원소는 아름다운 말만 귀담아 들은 듯하다. 저수가 가장 바랐던, 천자를 받들어 맞이하고 사직을 회복하는 일은 실행하지 않았다.[16]

그래서 조조가 천자를 맞아들이기 얼마 전에 저수는 재차 "천자를 끼고서 제후들을 호령하고 병마를 모아 불복하는 자를 토벌하십시오"라는 책략을 제기했지만 다른 사람들의 반대에 부딪쳤다. 그들은 후한 왕조가 곧 결딴날 것이며 다들 제위를 노리고 있다고 생각했다. 따라서 황제를 곁에 데려다놓는 것보다는 먼저 황제가 되는 것이 낫다고 여겼다.[17]

기회를 놓치면 안 된다. 때는 다시 오지 않기 때문이다. 원소가 우물쭈물하는 사이에 조조가 선수를 쳤다.

16 『삼국지』 「원소전」 참고.
17 『삼국지』 「원소전」 배송지주의 「헌제전」 인용문 참고.

이번에 원소는 아주 톡톡히 놀랐다. 조조는 헌제를 맞이해 허현으로 천도한 후, 황하 이남의 드넓은 토지를 얻었으며 관중關中 지역의 백성도 앞다퉈 그에게 귀순했다. 더 중요한 것은 조조가 한 황실을 보좌하는 영웅이 되는 바람에 그 반대파는 정의롭지 못한 입장에 놓이고 만 것이었다. 이때부터 조조는 관리를 임명해 기반을 확대하거나 반대파를 공격할 때 황제의 명의를 빌려 쓰거나 유용할 수 있게 되었다. 아무리 불의한 짓을 해도 정의로울 수 있게 된 것이다. 이에 반해 그의 적들은 불리해졌다. 조조에게 맞서려면 우선 황제에게 맞서는 위험을 감수해야 했기 때문이다.[18]

조조는 발 빠르게 움직인 덕에 크게 이득을 보았다.

반면에 원소는 크게 손해를 보았다. 조조는 천자를 허현으로 맞아들이자마자 황제의 명의로 엄숙하게 조서를 내려 "땅이 넓고 병사가 많은데 멋대로 당파를 조직했다"고 원소를 꾸짖었다. 또한 그가 황제를 지키려고 출병해 싸웠던 것에 대해서는 일언반구도 없고 그가 쉴새없이 남을 공격했다고만 지적했다. 원소는 조서를 받고 머리끝까지 화가 치밀었지만 억지로 참고서 자기변호의 글을 올렸다.

뒤늦게 후회를 하다가 원소는 한 가지 만회할 방법을 떠올렸다. 그는 허도許都(허현)가 습윤하고 지대가 낮으며 또 낙양은 거의 파괴되었다는 이유로 황제를 자신과 비교적 가까운 견성鄄城으로 옮기라고 조조에게 요구했다. '킹 카드'를 조조와 공유하려는 속셈이었다. 하지만

068

---

18 예를 들어 훗날 원소가 조조를 공격하려 하자 저수와 최염崔琰은 즉각 "천자가 허도에 있어서" 허도를 공격하면 "의로움에 어긋난다"고 말했다. 제갈량도 조조가 "천자를 끼고 제후들을 호령하고 있어서 실로 다퉈서는 안 된다"고 말했다.

조조는 속으로 비웃으며 가차없이 거절해버렸다.[19]

물론 조조도 양보를 하기는 했다. 지금은 원소와 반목해서는 안 된다는 것을 알고 대장군의 직위를 원소에게 양보한 것이다.

원소는 그제야 난리를 피우지 않았다. 그런데 원소는 조정에 있지 않았고 통제력이 관할 범위를 넘지 못해 대장군이 된 것은 실질적인 의의가 없었다. 하물며 그 직위는 조조가 양보한 것이어서 체면도 안 섰고 공연히 사람들의 비웃음만 샀다.

더군다나 조조는 그의 체면을 봐주었을 뿐 실권을 주지도, 그의 명령을 듣지도 않았다. 원소가 양표楊彪, 공융孔融에게 원한이 있어 조조에게 구실을 잡아 두 사람을 죽이라고 한 적이 있었다. 그러나 조조는 지금은 사람을 죽일 때가 아니며 명사는 더더욱 함부로 죽여서는 안 된다는 것을 알고 있었다. 게다가 죽이든 살리든 그것은 조조 자신의 일이지 원소의 명령을 들어줄 수는 없다고 생각했다.

그래서 조조는 또 엄숙하게 편지 한 통을 써서 원소에게 보냈다.

"지금 천하가 산산이 무너져 영웅호걸이 속속 일어나고 있는데 임금과 신하는 서로 다른 마음, 다른 덕을 갖고 서로를 믿지 못합니다. 이럴 때 제국의 집권자는 아무리 솔직하고 성실해도 남들에게 신뢰를 얻기 힘듭니다. 그런데 또 그 한두 사람을 죽인다면 다들 위태로워 하지 않겠습니까?"

이어서 조조는 옛일을 인용해 원소를 꾸짖었다.

---

19 『후한서』「원소전」 참고.

"그 옛날 고황제高皇帝(유방)는 자신과 원한이 있는 옹치雍齒를 제후로 봉하여 조정과 천하를 안정시켰습니다. 이 이야기를 설마 대장군은 잊으셨습니까?"

원소는 편지를 받고 이를 바득바득 갈았지만 어쩔 도리가 없었다.[20]

조조는 당연히 원소의 심정을 알았고 언젠가는 그와 공개적으로 반목하리라는 것도 잘 알았다. 하지만 동시에 상황이 생각만큼 그렇게 간단하지 않다는 것을 의식하고 있었다. 자기가 어린 황제를 손아귀에 쥐고 있고 대장군이 되었다고 해서 천하를 가진 것은 아님을 알아야 했다. 실제로 원소도, 원술도, 여포와 장수 같은 소규모 군벌도 그의 말을 따르지 않았다. 멀리 떨어져 있는 유표와 손책孫策은 더 말할 나위가 없었다.

황제의 깃발로 무기를 대체하기는 힘들었다. 군벌의 천하는 오직 전쟁으로만 얻을 수 있었다.

이때 아직 위魏 무제武帝가 아니었던 조조는 다시 말채찍을 치켜들었다.

20 『삼국지』「무제기」배송지주의 『위서』인용문 참고.

장수를 항복시키다

원소와 자웅을 겨루기 전에 조조는 세 단계의 성과를 거뒀다. 여포를 사로잡고, 원술을 격파하고, 장수를 항복시켰다.

장수는 완성宛城(지금의 허난성 난양南陽)에 웅거하고 있던 소규모 군벌로서 조조가 제일 먼저 따먹을 과실이었다. 일은 처음에는 신기할 정도로 잘 진행되었다. 건안 2년(197) 정월, 대군이 완성에 도착하자마자 장수는 즉시 투항했다. "천자를 받들어 조정에 불복하는 신하들을 호령하는" 정책을 쓴 지 반년도 안 돼 피 한 방울 안 흘리고 승리를 거둔 셈이었으니 조조는 당연히 득의양양했다.

그다음에는 어떻게 됐을까?

장수가 갑자기 모반을 일으켜 조조는 미처 방비하지 못한 상황에서 헐레벌떡 도망쳐야 했다. 이때 조조가 후계자로 가장 마음에 들어 하던 장남 조앙曹昻, 가장 가깝던 친위대장 전위典韋, 조카 조안민曹安民

이 다 전사했다. 조조 자신도 화살에 맞아 하마터면 비명횡사할 뻔했다.[21]

그 모반을 계획한 사람은 가후賈詡였다.[22]

가후는 자가 문화文和이고 무위武威 사람이며 머릿속에 기묘한 꾀가 가득해 항상 남의 일에 참견하기를 좋아했다고 한다. 사실 이각과 곽사의 난도 그가 저지른 일이었다. 동탁이 피살된 후, 그 두 사람은 부대를 해산하고 고향으로 돌아가려 했다. 그런데 가후가 그들을 가로막았다.

"두 분이 부대를 버리고 혈혈단신 떠난다면 정장亭長 같은 일개 말단 관리도 두 분을 붙잡아 심판할 수 있습니다. 장안으로 회군해 일을 도모해보는 것이 낫습니다. 잘 되면 좋은 것이고 안 되면 그때 도망쳐도 늦지 않습니다."

이각과 곽사는 그 말이 옳다고 생각해 즉시 회군했고 결국 나라와 황제와 백성이 그들에게 또 재난을 당했다. 가후는 자기가 큰 과오를 저질렀다고 생각했는지 자신의 영향력으로 최대한 이각과 곽사를 제어해 많은 범죄를 제지하고 적지 않은 대신들을 보호하여 잘못을 벌충했다.

헌제가 장안을 떠난 뒤, 가후도 관직을 놓고 떠돌다가 장수의 군중으로 갔고 장수는 그의 말이라면 무엇이든 따랐다. 조조에게 모반을 일으킬 때도, 나중에 다시 조조에게 투항할 때도 가후의 계획대

21 『삼국지』 「장수전」 본문과 배송지주의 『부자傅子』 인용문에 따르면 당시 조조는 두 가지 하지 말아야 할 일을 했다고 한다. 첫째, 강제로 장수의 숙모를 첩으로 취해 장수에게 굴욕을 주었고 둘째, 장수가 아끼는 심복 호거아胡車兒를 자기 사람으로 만들려 해 장수를 불안하게 했다. 조조는 장수가 불만스러워한다는 이야기를 듣고 변고가 생길까 두려워 살의를 품었다. 그런데 어찌된 일인지 그 소문이 퍼져 장수는 돌연 모반을 일으켰다.

로 했다.

그런데 다시 투항하기 전에도 가후는 또 조조를 애먹였다.

건안 3년(198) 3월, 조조는 세 번째 남쪽 정벌에 나섰다. 그 전에 장수는 이미 조조에게 패해 남쪽 양성穰城(지금의 허난성 덩저우鄧州)으로 도망쳐서 가후의 중재 아래 유표와 동맹을 맺었다. 그래서 불리해진 조조는 유표가 약속대로 출병하자 할 수 없이 철수했다.

장수는 즉시 군대를 거느리고 뒤를 쫓으려 했다. 이때 가후가 말했다.

"쫓지 마십시오. 쫓으면 분명 패할 겁니다."

장수는 그 말을 듣지 않았고 결국 크게 패해 돌아왔다. 이때 가후가 또 말했다.

"어서 가십시오. 틀림없이 이길 겁니다."

장수는 눈이 휘둥그레져서 말했다.

"방금 전 선생의 말을 안 들어서 패했는데 또 쫓으란 말이오?"

"상황이 변했습니다. 어서 가십시오!"

장수는 반신반의하면서도 패잔병을 수습해 다시 추격에 나섰고 과연 대승을 거뒀다.

이기기는 했지만 장수는 그 연유가 도저히 이해가 안 갔다.

"우리는 정예병으로 퇴각하는 적군을 쫓았는데 선생은 필패를 얘기했고 지금은 패잔병으로 승리한 적군을 쫓았는데 선생은 필승을

073

---

22 가후에 관해서는 『삼국지』「장수전」참고. 그 사건의 전말은 이러했다. 우선 장수가 가후의 계책을 받아들여 조조에게 한 가지 요청을 했다. 부대가 이동해야 하는데 수레가 적고 나를 것이 많아 병사들이 갑옷을 입고 무기를 들게 해달라고 했다. 조조는 아무런 의심 없이 이를 허가했다. 결국 장수의 부대는 조조의 군영을 지나가다가 습격을 감행했다. 『삼국지』「장수전」배송지주의 『오서吳書』 인용문 참고.

이야기했소. 결국 선생의 예측대로 되긴 했소만 나는 정말 이해가 가지 않소."

가후가 말했다.

"전혀 이상할 것이 없습니다. 조조는 철수할 때 반드시 직접 뒤를 엄호하기 때문에 장군은 패하는 것이 당연했습니다. 그런데 조조가 이번에 양성을 공격하면서 별다른 실수도 전력 소모도 없었는데 싸워보지도 않고 철수한 것은 분명 후방에 문제가 생겼기 때문일 겁니다. 따라서 우리를 물리친 뒤에는 틀림없이 마음 놓고 길을 재촉할 것 같았지요. 뒤에 배치한 자들이 장군의 적수가 아니어서 필승할 것이라 보았습니다."

그의 추측은 사실이었다. 조조가 급히 철수한 것은 실제로 후방에 말썽이 생겼기 때문이었다. 원소의 모사 전풍이 조조가 장수를 치러 간 틈을 타 허도를 습격하고 천자를 납치하자고 원소에게 건의했다는 첩보를 전해들은 것이다. 그것은 당연히 엄청난 일이어서 조조는 장수를 포기하지 않을 수 없었다.[23]

가후는 과연 귀신처럼 사태를 예측했다.

그러나 조조도 장수도 가후가 또 큰일을 낼 것이라고는 생각지 못했다.

건안 4년(199), 원소는 10만 병력을 모아 허도를 칠 준비를 했다. 조조는 8월에 여양黎陽(지금의 허난성 쉰浚현 동쪽)에 입성하고 9월에는 병력 **074**

---

23 『삼국지』 「무제기」 배송지주의 『헌제춘추』 인용문 참고.

을 나눠 관도官渡(지금의 허난성 중머우中牟 동북쪽)에 보냈다. 전쟁이 곧 일어날 것만 같은 일촉즉발의 상황이었다.

그것은 조조와 원소의 생사가 걸린 전쟁이었다. 그래서 양쪽 모두 중간 세력을 자기 쪽으로 끌어들이려 했다. 원소가 먼저 사신을 보내 장수에게 투항을 권유했는데 가후가 멋대로 사신에게 말했다.

"실례지만 귀하는 원소 장군께 사과하고 이 말을 여쭤봐주십시오. 원소 장군은 동생분인 원술 장군과도 서로 용납을 못하는데 천하의 모든 땅을 다 아우를 수 있겠습니까?"

장수는 당장 얼굴이 흙빛이 되어 조용히 가후에게 물었다.

"선생이 체면을 봐주지 않아 원소의 사신이 가버렸소. 우리는 이제 어떻게 해야 하오?"

"잘된 일이군요. 조조에게 의탁하기로 하죠."

"원소는 강하고 조조는 약한 데다 조조는 우리와 묵은 감정이 있는데 어떻게 그에게 의탁할 수 있겠소?"

가후는 말했다.

"그러니까 더 조조에게 의탁해야 합니다."

이어서 가후는 세 가지 이유를 댔다. 첫째, 조조는 "천자를 받들어 천하를 호령"하고 있기 때문에 조조에게 의탁하는 것이 명분에 맞다는 것이었다. 그리고 둘째, 자신들의 병력은 원소에게는 아무것도 아니지만 조조에게는 눈 속에서 석탄을 가져다주는 격이어서 필히 중시를 받을 것이라고 했다. 마지막으로 셋째, 무릇 패업에 뜻을 둔 자는 분명 사사로운 은원 따위는 개의치 않으니 오히려 자신들을 모범으로 삼아 세상 사람들에게 관용과 덕을 과시할 것이라고 했다.

"그러니 장군은 마음 푹 놓으셔도 됩니다."

가후의 예측은 정확했다. 장수가 도착하자마자 조조는 열렬히 그를 환영하고 연회를 베풀어주었다. 그리고 그를 양무揚武장군으로 임명하고 열후에 봉했을 뿐만 아니라 아들 조균曹均을 그의 딸과 결혼시켜 서로 사돈이 되었다. 그 옛날 유방이 홍문鴻門의 연회 전에 항백項伯을 대접한 것과 완전히 똑같았다.

과거의 안 좋았던 관계는 당연히 일언반구도 언급하지 않았다. 이때부터 장수는 조조 휘하의 한 용장이 되었으며 가후는 조조 옆의 가장 중요한 모사가 되었다. 그는 양대에 걸쳐 조씨 집단을 위해 일했고 문제文帝 조비曹丕 때 태위를 지냈으며 77세에 죽고서 숙후肅侯라는 시호를 받았다.[24]

여포와 원술은 그런 운이 없었다.

원술은 죽음을 자초했다. 그는 손견孫堅에게서 한 왕조의 전국옥새傳國玉璽(나라에서 나라로 전해지는 옥새라는 뜻)를 얻고 천명이 자신에게 있다고 자인하여 건안 2년(197)에 공공연히 스스로 황제라고 칭했다.[25]

금기를 어긴 그 행동은 모두의 분노를 샀다.

결국 관계가 가장 좋았던 손책은 그와 관계를 끊었고 여포는 그가 **076**

---

24 장수는 건안 4년 11월에 투항했다. 『삼국지』 「무제기」 참고.
25 전국옥새는 한 영제 중평 6년(189), 태감 장양 등이 난을 일으켰을 때 분실되었고 나중에 손견이 찾았지만 원술이 손견의 부인에게서 강제로 빼앗아갔다. 『후한서』 「원술전」 참고.

보낸 사절을 허도로 압송했으며 조조는 한술 더 떠 군대를 일으켰다. 원술은 소식을 듣고 돌아서서 도망쳤고 군량도 그의 '승상'에 의해 재해민들에게 나누어졌다. 그 가짜 승상은 말했다.

"어쨌든 우리는 죽는 길밖에 없는데 음덕이라도 쌓아야 하지 않겠는가?"**26**

이렇게 고생고생 2년을 버틴 뒤, 막다른 골목에 몰린 가짜 황제 원술은 더 버틸 수 없음을 깨닫고 전국옥새를 원소에게 넘기기로 결심했다. 그러나 그 생각조차 바람대로 이뤄지지 않았다. 조조가 벌써 사람을 보내 하비下邳(지금의 장쑤성 쑤이닝睢寧)에서 길을 막고 공격했기 때문이다.

원술은 방법이 없어 또 돌아서서 회남淮南으로 도망쳤다. 그런데 수춘壽春(지금의 안후이성 서우壽현)에서 80리 떨어진 강정江亭까지 도망쳤을 때 병이 나서 자리에 드러눕고 말았다. 그때는 6월이고 날씨가 감당할 수 없이 더웠다. 원술은 꿀물을 한 모금 마시고 싶었지만 구할 수 없었으며 부엌에 음식이라고는 싸라기밖에 없다고 했다.

원술은 침상 위에 앉아 한참을 탄식하다가 돌연 뺙 소리를 질렀다.

"이 원술이 어떻게 이 지경이 되었단 말인가!"

그러고서 침상에 엎어져 피를 한 말이나 토하고 죽고 말았다.**27**

원술이 죽고 다섯 달 뒤 장수가 조조에게 투항했고 죽기 반년 전에 는 여포가 조조에게 붙잡혔다. 당시 여포는 주위 사람들에게 외면을

---

26 원술에 관해서는 『후한서』 「원술전」 참고.
27 『삼국지』 「원술전」 배송지주의 『오서』 인용문 참고.

받아 고립무원의 처지였는데도 겉으로는 아무렇지도 않은 척했다. 그가 거드름을 피우며 조조에게 말했다.

"포승줄을 왜 이렇게 꽉 묶는 거요? 느슨하게 해줄 수 없소?"

조조가 웃으며 말했다.

"호랑이를 묶는데 느슨하게 묶으면 되겠나."

여포가 말했다.

"명공明公(명망과 지위가 높은 사람에 대한 경칭)이 꺼리던 사람이 이 여포가 아니었소이까. 지금 내가 기꺼이 투항하면 명공은 안심할 수 있지 않겠소? 앞으로 명공은 보병을, 나는 기병을 지휘하면 천하에 두려울 것이 뭐가 있겠소?"

조조는 망설였다.

그렇다. 말 중에는 적토마, 사람 중에는 여포라는 말이 있듯이 여포는 인재 중의 인재였다.

이때 조조 옆에 있던 한 사람이 냉랭하게 말했다.

"명공은 여포가 어떻게 정원과 동탁을 섬겼는지 설마 잊으셨습니까?"

조조는 크게 깨닫고 여포의 목을 베었다.[28]

말 한마디로 여포를 죽인 그 사람은 우리에게 매우 익숙한 인물이다.

그렇다. 그는 바로 유비였다.

28 『삼국지』「여포전」참고.

유비를 놓치다

유비를 가장 높게 평가하고 중시한 사람은 조조였다.

조조는 여포를 잡아 죽인 그해에 유비와 동맹을 맺었다. 당시 여포에게 패해 빈손으로 몸을 의탁하러 온 유비를 조조는 즉시 예주목으로 임명했다. 함께 여포를 격파한 뒤에는 또 유비를 황제에게 좌장군으로 천거했다.[29]

그것은 대단히 높은 대우였다. 한나라 시대의 장군은 두 등급으로 나뉘었는데 전장군, 후장군, 좌장군, 우장군은 '명호名號장군'이라 불리며 일등급이었다. 조조가 대리한 적이 있는 분무장군과 유비가 맡은 적이 있는 진동장군은 '잡호장군'이라 하여 이등급이었다. 따라서 유비를 좌장군에 봉한 것을 통해 조조가 그를 상당히 중시했음을 알 수 있다.

유비에게 베푼 예우도 대단했다. 나갈 때 같은 수레를 타고 앉을

---

29 유비에 관해서는 따로 주석 없이 『삼국지』 「선주전先主傳」 참고.

때 같은 자리에 앉았다. 또한 깊은 신뢰를 보이기도 했다. 원술이 원소와 연합하려 북상할 때 조조의 명으로 하비에 가서 길을 끊은 사람은 바로 유비였다. 그러나 유비는 일을 마친 뒤 안색을 싹 바꿨다. 그는 서주徐州자사 거주車胄를 죽여 공개적으로 조조에게 반기를 들었을 뿐만 아니라 적극적으로 대항했다.

물론 유비가 데려간 군대와 군량은 다 조조가 준 것이었다. 여포에게 패해 흩어진 옛 부하들도 조조의 도움으로 다시 모을 수 있었다. 조조는 원래 유비를 장수처럼 만들 계획이었지만 결과적으로 원소를 또 한 명 만든 격이 되었다. 게다가 원기까지 회복하게 만들어주었으니 실로 손해가 이만저만이 아니었다.

사실 조조의 모사들은 일찍부터 유비에게 경계심을 품고 있었다.

정욱은 일찍이 조조에게 이렇게 일깨웠다.

"유비 그자는 재능과 지략이 뛰어나고 민심까지 크게 얻어 절대로 남의 밑에 있을 리가 없습니다. 일찍 대비하시는 편이 낫습니다."

조조는 곽가에게 의견을 구했는데 곽가의 견해도 정욱과 같았다.

"유비는 절대로 연못 속 물건이 아니어서 그 지략의 깊이를 잴 수 없습니다. 옛사람이 말하기를, 하루만 적을 놔두어도 몇 대의 우환이 된다고 했으니 일찍 처리하셔야만 합니다."

그런데 문제는 곽가의 그다음 말에 있었다.

"명공이 보검을 들고 의병을 일으켰던 건 폭도를 없애고 양민을 편안하게 해주기 위해서였고 오직 마음속 진실 하나에 의지했습니다. 하지만 그렇더라도 천하의 영웅을 초빙하지 못할까 두렵습니다. 지금 유비 같은 영웅이 막다른 길에 몰려 명공께 의탁하러 찾아왔는데 명공이 그를 죽인다면 앞으로 누가 기꺼이 명공을 좇아 천하를 평정하겠습니까? 한 사람에 대한 걱정으로 세상 사람의 바람을 끊어서는 안 되니 잘 생각하셔야 합니다."

죽여서도, 중용하거나 신임해서도 안 되면 어떻게 해야 하나?

아마도 곽가는 연금을 염두에 두었던 것 같다.[30]

하지만 단정할 수는 없다. 이 일은 사람마다 기록한 것이 달라서 역사의 미스터리가 되었다. 아마도 이 일이 너무 민감해서 곽가가 명확히 이야기하지 못했고 조조도 곽가의 생각을 이해하지 못했을 가능성이 크다. 그래서 조조는 정욱에게 이렇게 답했다.

"바야흐로 지금은 영웅을 받아들일 때이니 한 사람을 죽여 천하의 마음을 잃어서는 안 되네."[31]

조조는 유비를 성심껏 대하고 믿기로 결정했다. 심지어 유비 쪽에서 먼저 하비로 가서 원술의 길을 끊겠다고 했을 때 동소가 급히 와서 만류하는데도 조조는 "이미 허락해서 돌이키기 어렵네"라고 했다. 병력을 빌린 것은 유비가 다른 마음을 품고 있음을 뜻한다고 정욱과 곽가가 지적하고서야 조조는 크게 깨달았지만 이미 후회해도 소용이 없었다.[32]

30 곽가의 의견에 관해 『삼국지』 「곽가전」 배송지주는 두 가지 견해를 인용했다. 『위서』에서는 누가 조조에게 "유비에게는 영웅의 뜻이 있어 지금 일찍 도모하지 않으면 나중에 필히 우환이 생길 겁니다"라고 말하여 조조가 곽가에게 계책을 물었는데, 곽가가 유비를 죽여서는 안 된다 했다고 나온다. 또 『부자』에서는 곽가가 먼저 조조를 찾아가 "유비는 결국 남의 밑에 있을 사람이 아니고 그 지모를 가늠할 수가 없습니다. 옛말에 하루만 적을 놔두어도 몇 세대의 우환이 된다고 했으니 일찌감치 처리해야 합니다"라고 했다고 한다. 하지만 당시 조조는 "천자를 받들어 천하를 호령하고 바야흐로 영웅을 회유해 큰 믿음을 밝혀야 한다"고 하여 곽가의 말을 따르지 않았다. 유비가 공개적으로 조조를 배반한 뒤에야 조조는 "곽가의 말을 듣지 않은 것을 한스러워했다"고 한다. 그래서 저우쩌슝 周澤雄 선생은 곽가가 연금을 염두에 두었을 것이라고 생각한다.

의심의 여지 없이 그것은 조조의 평생에서 가장 큰 실수였다. 바로 그 실수 때문에 중국 역사에 삼국시대라는 삽입곡이 생겼다.

그것은 이상한 일이었다.

조조는 왜 그렇게 유비에게 잘 대해준 것일까? 그는 도대체 유비의 어떤 점을 중시한 것일까? 지위? 명성? 실력? 모두 아닌 듯하다.

유비가 종실이라 칭하기는 했다. 한 경제景帝의 아들인 중산정왕中山靖王 유승劉勝의 후예였다고 한다. 하지만 한 경제부터 한 헌제까지의 혈연관계는 지나치게 멀고 의심스럽다. 더욱이 '황숙皇叔'이라는 신분은 『삼국연의三國演義』의 저자 나관중羅貫中이 지어낸 것이다. 유비 본인이 "어머니와 더불어 짚신을 팔고 돗자리를 짜는 것이 업이었다"라고 했으니 고귀한 자손의 대우는 꿈도 못 꿨을 것이다.

유비는 명성도 그리 높지 않았다. 언젠가 원술은 여포에게 가소롭다는 듯이 이렇게 말했다.

"나 원술은 태어난 후로 세상에 유비가 있다는 말은 들어본 적이 없네."

또한 북해상北海相 공융이 황건군에게 포위되어 평원상平原相 유비에게 태사자太史慈를 파견해 구원을 청했을 때, 유비는 놀라고 기뻐하며 말했다.

"공북해가 그래도 천하에 이 유비가 있다는 걸 아는군."

유비는 즉시 구원병 3000명을 파견했다. 이를 통해 당시 유비가 무

31 『삼국지』「무제기」 참고.
32 『삼국지』「동소전」과 「정욱전」 참고.

명의 인물이었고 명성을 무척 바랐음을 알 수 있다.[33]

명성이 없었던 유비는 근거지도 없었다. 가까스로 얻은 기반도 금세 잃고 이리저리 남의 집 울타리에 깃들어 몸을 의탁하기를 반복했다. 그래서 다섯 번 주인이 바뀌고 네 번 아내를 잃으며 반평생을 비참하게 떠돌았다.[34]

하지만 원소, 유표, 도겸陶謙, 공융 등은 모두 유비가 영웅이라고 생각했다. 서주목 도겸이 죽기 전에 서주를 맡기려 하자 유비는 감당하지 못하겠다며 원술에게 넘길 것을 건의했다. 이에 공융이 못마땅해하며 말했다.

"원술의 가문이 4대가 내리 삼공을 지냈다고는 하지만 그들은 벌써 다 죽은 사람인데 굳이 신경 쓸 필요가 있는가?"[35]

유비를 무시한 사람은 원술 한 명밖에 없었다.

조조는 보자마자 유비가 영웅임을 알아보았을 뿐만 아니라 천하에 자신과 유비만이 영웅이라고 생각했다. 그래서 실제로 유비를 불러 식사하다가 이런 말을 했다.

지금 천하에서 영웅은 오직 그대와 나 조조뿐이오今天下英雄, 唯使君與操耳!

이 말은 천둥소리처럼 유비의 귀를 울렸다. 더구나 조조는 "원소의 무리는 헤아릴 가치가 없소"라고도 했다. 유비는 놀란 나머지 젓가락

083

---

33 『삼국지』 「여포전」 배송지주의 『영웅기』 인용문과 『후한서』 「여포전」과 「공융전」, 『삼국지』 「태사자전」 참고.

34 유비의 다섯 주인들은 공손찬, 여포, 조조, 원소, 유표다.

35 『삼국지』 「선주전」 참고.

을 떨어뜨렸다.[36]

나중에 유비가 배반하고 달아난 것은 이 부분과 관계가 있는 것처럼 설명되곤 한다. 당시 거기車騎장군 동승은 허리띠에 숨겨진 헌제의 밀지를 받고서 은밀히 쿠데타를 일으켜 조조를 제거할 계획을 짜고 있었다고 한다. 유비는 조조와의 그 식사 자리를 마친 뒤에도 적극적으로 동승에게 협력했으며 그래서 하비로 가자마자 공개적으로 조조에게 반기를 들었다는 것이다.

하지만 이 이야기는 허점이 너무 많다.

우선 허리띠의 밀지는 사실이 아니었을 수도 있다. 동승 등은 그런 밀지를 받았다고 주장했을 뿐 실제적인 증거는 없었다. 그리고 유비가 공개적으로 조조를 배반한 것은 그들의 비밀을 폭로한 것이나 다름없었다. 만약 그랬다면 황제와 동승 등을 당장 위기로 몰아넣었을 것이다.

따라서 이 일은 여전히 미스터리다.[37]

하지만 유비가 영웅이었던 것은 의심의 여지가 없다. 그랬기 때문에 관우關羽, 장비張飛, 조운趙雲이 그를 보자마자 의기투합해 충성을 바치고 제갈량도 조조, 손권, 유표를 무시하고 빈털터리였던 그를 위해 혼신의 힘을 다한 것이다.

관우, 장비, 조운, 제갈량이 다 볼 수 있었던 것을 조조가 못 봤을 리 없다. 다만 유비라는 그 영웅은 아직까지 활약할 기회가 없었을

36 『삼국지』「선주전」참고. 배송지주의 『화양국지華陽國志』인용문에는 "마침 그때 천둥이 쳐서 유비는 그것을 핑계로 조조에게 '성인께서 말씀하시길 빠른 천둥과 거센 바람에는 반드시 사람의 낯빛이 바뀐다고 하셨는데 정말 그렇군요. 벼락 한 번의 위세가 이 정도로군요!'라고 말했다"라고 나와 있다. 『삼국연의』의 해당 내용은 바로 이 부분을 각색했다.

37 천얼둥陳邇冬 선생은 『한화삼분閑話三分』이라는 책에서 유비와 동승의 공모가 사실이고 조조의 유비 정벌이 '허리띠의 밀지' 사건 때문이었다면, 조조가 유비의 가족과 관우를 생포한 후에 그렇게 예를 차리고 관우가 형수와 조카를 데리고서 돌아가게 놔두지 않았을 것이라고 했다. 그래서

뿐인데, 활약할 기회가 없는 영웅을 지나치게 경계하기보다는 적당한 명분이 생겼을 때 처리하는 것이 낫다고 생각했을 것이다.

아마도 그랬을 것이다, 아마도.

그래서 건안 5년(200) 정월, 조조는 원소와 결전을 치르기 전에 먼저 군대와 장수들을 이동해 유비를 토벌하게 했다. 장수들이 그를 일깨워 말했다.

"명공과 천하를 다툴 자는 원소입니다!"

하지만 조조의 생각은 달랐다.

"유비야말로 인걸이다. 호랑이를 키워 후환을 남기면 안 된다. 원소는 뜻은 크나 재능이 모자라 오히려 걱정할 게 못 된다."[38]

그 싸움에서 유비는 아주 형편없이 패했다. 그는 심지어 조조의 깃발만 봐도 놀라 돌아서서 꽁무니를 뺐다. 그랬으니 부하의 생사는 전혀 돌아보지 못했다. 결국 아내와 아이까지 죄다 포로가 되고 관우도 투항했다.

조조에게 패한 유비는 원소에게 의탁할 수밖에 없었다. 원소는 성에서 200리 밖까지 나와 그를 환영했다. 장수를 투항시키지는 못했지만 유비를 얻었고 또 유비는 조조에게서 도망쳐 나온 터라 기뻐서 어쩔 줄을 몰랐다.[39]

하지만 그는 유비가 조조에게 그랬던 것처럼 자기도 배신하고 떠날 것이라고는 생각지 못했다.[40]

천 선생은 '허리띠의 밀지'조차 동승이나 동승 부녀가 위조했을 가능성이 있다고 생각한다. 뤼쓰몐呂思勉 선생의 『삼국사화三國史話』에서도 "원래 동탁의 사위 우보牛輔의 잔당인 동승이 나라를 위해 무슨 좋은 일을 했겠는가?" "조조를 제거하려 했어도 어떻게 동승에게 그것을 맡겼겠는가? 이 말은 신빙성이 없는 듯하다"라고 했다. 졸저, 『삼국지 강의』 참고.

38 『삼국지』 「무제기」 참고.

39 『삼국지』 「선주전」 배송지주의 『위서』 인용문 참고.

원소가 어떻게 유비를 진정으로 이해할 수 있었겠는가?

그의 머릿속에는 단 한 가지 생각, 즉 최대한 빨리 조조를 멸하겠다는 일념뿐이었다.

그것은 결코 이상하지 않았다. 건안 4년(199) 말까지 양봉과 여포와 원술이 차례로 망하고 장수는 투항했으며 유표는 중립을 선언하고 손책은 동쪽을 고수하고 있었다. 이처럼 국면이 분명해진 상태에서 원소와 조조, 이 두 영웅은 더 이상 나란히 존재할 수 없었다. 양쪽은 다 상대를 항우처럼 취급해 어떻게든 사지에 몰아넣으려 했다.

그래서 원소는 일부 모사들의 반대와 권유에도 불구하고 공개적으로 조조 토벌의 격문을 발표해 단호하게 조조 섬멸의 전쟁을 개시했다.[41]

조조도 즉시 적을 맞으러 북쪽으로 나아가 관도에 대본영을 설치했다. 동시에 동군태수 유연劉延을 백마白馬(지금의 허난성 화滑현 동쪽)에, 익수정후益壽亭侯 우금于禁을 연진延津(지금의 허난성 옌진 북쪽)에 주둔시켜 원소군과 강을 사이에 둔 채 결전의 자세를 취하게 했다.

관도대전이 곧 시작되었다.

40 『삼국지』「선주전」 참고.
41 원소의 조조 토벌 격문은 『후한서』「원소전」 참고.

관도대전

그것은 양쪽의 힘이 현저히 차이 나는 전쟁이었다.

강한 쪽은 원소였다. 과거에 관동연합군의 맹주였던 그는 이미 북쪽에 웅거하던 공손찬을 멸하고 기주, 청주, 병주, 유주의 땅을 소유하여 중국의 북방을 대부분 차지한 것이나 다름없었다. 그래서 사람도 많고 세력도 크며 군대도 강력해서 조조 따위는 안중에도 두지 않았다.

조조는 무척 딱해 보였다. 그가 가진 것은 적들을 제외하면 황제밖에 없었다. 하지만 한나라 제국의 그 천자는 땅 한 뙈기, 병졸 한 명, 돈 한 푼도 갖고 있지 않았다. 더욱이 원소가 조조를 멸하려 한다면 천자의 비준 같은 것은 받을 필요도 없었다.

그래서 사족지주계급은 판돈을 원소에게 걸었으며 사족이 아닌 몇몇 사람도 원소를 좋게 보고 조조를 안 좋게 보았다. 동승은 쿠데타를 일으켰고, 유비는 도주하여 예주 곳곳에서 소란을 일으켰고, 서주의 군현들은 원소에게 투항했고, 유표는 몰래 반란을 꾀했고, 손책은 기습을 계획했다. 단지 다들 조조의 견제로 목적을 달성하지 못했을 뿐이다.[42]

명사들의 우두머리인 공융은 허도에서 뜬소문을 퍼뜨리거나 비현실적인 논쟁을 일삼았다. 이처럼 조조는 거의 사면초가의 상황이었다. 만약 순욱 등이 굳건히 지지해주지 않았다면 그는 못 버텼을 수도 있다.[43]

실제로 전쟁은 대단히 어렵게 진행되었다. 건안 5년(200) 2월, 원소군은 여양에 이르러 병력을 두 갈래로 나눠 백마와 연진을 공격했다. 이 전투는 조조의 승리로 끝나기는 했지만 조조는 자신의 전력이 원소보다 못하다는 것을 깊이 깨달았다. 그래서 백마와 연진을 포기하고 전군을 관도로 철수시켜 정면충돌을 피했다.

7월에 원소군은 양무陽武(지금의 허난성 위안양原陽)에 들어갔고 8월에 다시 관도에 접근해 모래언덕을 따라 군영을 설치했는데 그 길이가 동서로 수십 리에 달했다. 더 물러설 곳이 없어진 조조도 마주보고 군영을 설치하여 전쟁은 대치 단계로 접어들었다.

그때 원소군은 십수만 병력이라 일컬어졌고 조조군은 "병사가 만 명도 안 되는데 부상자가 열에 두셋"이었다. 조조 자신도 심신이 극도로 피곤한 상태였다. 9월의 어느 날, 조조는 군량을 나르는 병사가

42 『삼국지』「무제기」 참고.
43 『삼국지』「순욱전」 참고.

격무에 지칠 대로 지친 것을 보고 자기도 모르게 이런 말을 했다.

"보름만 더 지나면 내가 기필코 너희를 위해 원소를 격파하겠다. 더이상 너희를 이렇게 고생시키지 않겠다!"[44]

사실 조조는 더 싸우고 싶어도 계속 버틸 힘이 부족했다. 이때 멀리 허도에 있던 순욱이 편지를 보내왔다.

"원소가 병력을 총동원해 최후의 승부를 걸어올 겁니다. 조공과 생사의 결전을 벌일 결심입니다. 만약 이번에 싸워 이기지 못하면 틀림없이 전멸할 겁니다. 다른 길은 있을 수 없습니다."

그래서 순욱은 말했다.

"조공이시여, 조공이시여, 성패가 이번 한 판에 달렸습니다!"[45]

가후도 조조를 지지하여 이런 말을 했다.

"명공은 원소보다 지혜도 낫고, 용맹함도 낫고, 용인술도 낫고, 결단력도 낫습니다. 유일한 문제는 지나치게 신중한 겁니다. 살 기회를 잡아 단숨에 적을 해치운다면 순식간에 큰 성공을 거둘 겁니다."[46]

가후의 말은 옳았다. 기회도 금세 찾아왔다.

우선 유비가 도망쳤다. 유비는 정치적으로 무척 예민했다. 남들은 원소를 높게 평가했지만 그는 그 반대였고 심지어 조조군과 원소군이 팽팽히 대치해 있을 때 이미 원소의 패배를 예감했다. 그래서 유표와의 연합을 핑계로 훌쩍 가버렸다.[47]

089 그다음에는 허유許攸가 원소를 배반하고 탈출해왔다. 허유는 원소

---

44 『삼국지』 「무제기」, 『자치통감』 제63권 참고.

45 『삼국지』 「무제기」 참고.

46 『삼국지』 「가후전」 참고.

47 『삼국지』 「선주전」 참고.

의 오랜 부하로서 기주에 있을 때 원소를 좇으며 풍부한 지혜를 발휘하고 많은 군사정보를 다뤘다. 그래서 조조는 허유가 왔다는 얘기를 듣자마자 맨발로 그를 맞으러 뛰어나가 두 손을 비비며 껄껄 웃었다.

"이제 내 일이 잘 풀리겠구려!"[48]

그런데 허유는 입을 열자마자 물었다.

"귀하의 군대에 식량이 얼마나 남았는지 여쭤봐도 되겠습니까?"

조조가 답했다.

"적어도 1년은 버틸 만하오."

허유가 사정없이 다그쳐 물었다.

"아닙니다. 다시 말씀해주십시오."

조조가 고쳐서 말했다.

"그래도 반년은 버틸 수 있소."

허유는 피식 웃으며 말했다.

"귀하는 설마 원소를 이기고 싶지 않으신 겁니까? 어째서 거듭 거짓을 말씀하십니까?"

조조는 허유가 정보뿐만 아니라 자신의 마음까지 꿰뚫어보고 있음을 알았다. 그래서 웃으며 말했다.

"방금 전에는 농담을 좀 했을 뿐이오. 사실대로 말하면 기껏해야 한 달을 버틸 수 있을 뿐이오. 이 일을 어쩌면 좋겠소?"

조조가 솔직히 털어놓는 것을 보고 허유는 전쟁의 판도에 대한 자   090

---

48 허유가 원소를 배반하고 도망친 이유에 관해서는 세 가지 견해가 있다. 『삼국지』 「무제기」에서는 허유가 재물 욕심이 많았는데 원소가 충족시켜주지 않아 도망쳤다고 하고, 「순욱전」에서는 불법을 저질렀다는 이유로 심배審配가 자신의 아내와 아들을 체포한 것에 허유가 노해 원소를 배반했다고 한다. 그리고 습착치習鑿齒의 『한진춘추漢晉春秋』에서는 소로를 통해 허도로 가서 천자를 납치하자는 건의를 원소에게 묵살당해 허유가 홧김에 조조에게 갔다고 한다.

신의 분석과 해결 방법을 일일이 주워섬겼다. 이에 조조는 즉시 결단을 내려 허유의 계책을 실행했다. 직접 날랜 기병들을 거느리고 원소의 군량 창고가 있는 오소鳥巢(지금의 허난성 펑추封丘 서북쪽)로 달려가 모든 군수 물자와 설비를 깡그리 불태워버렸다.[49]

이 일은 또 다른 사건의 계기가 되었다. 그것은 장합張郃의 배반이었다.

장합은 원소의 대장으로서 용기와 지모를 겸비했고 역시 기주에 있을 때부터 원소를 따랐다. 조조가 오소를 기습하자 장합은 즉시 구원병을 보낼 것을 주장했다. 그러나 원소는 모사 곽도郭圖의 의견에 따라 가볍게 무장한 병사들을 오소에 구원병으로 보내고 중무장한 병사들은 관도로 보내 조조의 본진을 공격하게 했다. 그 결과, 장합이 예측한 대로 관도는 함락하지 못한 반면, 오소에서는 군사가 전멸했다.

곽도는 긴장했다. 책임을 전가하기 위해 원소에게 장합이 이번 패전을 고소해하고 있으며 언행이 불손하다고 무고했다. 장합은 진퇴양난에 빠져 할 수 없이 부하 고람高覽과 함께 병거兵車를 불태우고 조조에게 투항했다. 조조는 이 뜻밖의 횡재에 기뻐하며 말했다.

"이것은 한신이 유방에게 귀순한 격이구려!"

그래서 장합을 편偏장군으로 임명하고 도정후都亭侯에 봉했다.[50]

유비가 도망쳐서 원소는 외부의 지원을 잃었다. 또 허유의 탈출로

49 『삼국지』「무제기」 배송지주의 『조만전曹瞞傳』 인용문 참고.
50 『삼국지』「장합전」 참고.

꾀주머니를 잃었고 장합의 배반으로 팔이 꺾였다. 이 모든 것이 원소가 이미 승기를 잃었음을 말해준다. 남은 것은 전군이 몰살되어 와해되는 것뿐이었다.

형세가 순식간에 역전되었다.

장합이 투항하자마자 조조는 즉시 가후의 건의에 따라 병력을 집중시켜 대대적으로 반격을 시작했다. 고립무원의 상태가 된 원소는 완전히 투지를 잃고 장남 원담袁譚과 함께 군대를 버리고서 도망쳤다. 통솔자를 잃은 원소군은 차례로 포로가 되었으며 원소가 군중에 가져온 책과 보물도 조조의 수중에 떨어졌다.

이밖에도 전쟁 기간에 조정의 신하와 부하 장수들이 몰래 원소와 내통한 서신들도 노획했지만 조조는 그것들을 전부 태워버렸다. 이에 대한 조조의 설명은 이랬다.

"그때 원소는 확실히 강했고 나 조조는 아직 자신조차 보전하기 힘들었다. 하물며 다른 사람들은 어땠겠는가!"

그 결과, 기주의 각 지역이 앞다퉈 성을 바치며 조조에게 투항했다.[51]

관도대전은 그렇게 끝이 났다.

그것은 당시 중국의 운명과 미래를 결정지은 전쟁이었다. 사실 원소와 조조는 둘 다 평범한 군벌이 아니었다. 그들은 전쟁 이후의 재건과 관련해 각자의 계획과 견해가 있었다. 원소는 당연히 사족의 노

51 『삼국지』「무제기」와 배송지주의 『위씨춘추』 인용문 참고.

선에 따라 사족의 이익을 대표하는 옛 질서를 회복하려 했다. 그것이 그가 속한 그 계급이 그에게 부여한 사명이었기 때문이다.

그런데 조조는 '비非사족정권'을 세우려 했다. 적어도 후한의 옛 방식은 따르려 하지 않으면서 정치적 변화를 꾀했다. 그는 전쟁 이후 일련의 법령을 반포해 토지 겸병의 억제, 법을 통한 치국治國, 인재의 추천을 주장했다. 심지어 "태평성대에는 덕행이 중요하지만 난세에는 재능이 우선한다"는 관점을 제시하기도 했다.[52]

조조와 원소의 차이는 바로 이 점에 있었다.

다시 말해 동탁은 옛 질서의 파괴자였고 원소는 옛 질서의 옹호자였지만 조조는 새 질서의 건설자였다. 그래서 조조와 원소는 질서를 파괴하고 천하를 어지럽힌 동탁에게 함께 저항했지만 동탁 이후에는 제 갈 길을 가고 심지어 결사전을 벌인 것이다.

따라서 관도대전은 두 이익집단 사이의 투쟁이었을 뿐만 아니라 두 계급의 서로 다른 노선 사이의 대결전이었다. 사회적 지위로 보면 사족과 서족의 투쟁이었고 이데올로기로 보면 유가와 법가의 투쟁이었다. 여기에 절충의 여지는 전혀 없었다. 원소가 이기면 천하는 사족과 유가의 것이 되는 것이었고 조조가 이기면 새 정권과 새 질서는 서족과 법가가 수립하는 것이었다.[53]

실제로도 그랬다.

그래서 역사의 일정표는 완전히 흐트러졌다. 동탁 시대에 사족지주

---

52 조조가 반포한 일련의 법령은 다음과 같다. 건안 8년 8월, "출정한 장수들 중에서 패한 자는 상응하는 벌을 내리고 손해를 본 자는 관작官爵을 박탈한다"는 '기유령己酉令'과 '공이 없는 신하에게는 관직을 주지 않고 싸우지 않는 병사에게는 상을 주지 않는다"는 '경신령庚申令'을 내렸다. 그리고 9년 9월에는 겸병 억제의 법령을, 11년 10월에는 직언 장려의 법령을, 12년 2월에는 공신을 봉하는 법령을, 14년 7월에는 위로의 법령을, 15년 봄에는 인재 모집의 법령을 반포했다. 『삼국지』「무제기」와 배송지주의 여러 인용문에 나타난다.

53 톈위칭田余慶의 「조조와 원소의 투쟁과 세가대족曹袁鬪爭和世家大族」 참고.

계급은 중상을 입기는 했지만 그래도 '사족 겸 군벌'인 원소에게 희망을 걸 수 있었다. 하지만 원소가 패함으로써 그 희망은 물거품처럼 사라졌다.

아무래도 그 군벌의 시대에 사족은 가망이 없었던 것 같다. 군벌로 변신했지만 역시 그러했다.

풍운을 질타하는 인물은 비사족 출신일 수밖에 없었다.

그 예가 유비와 손권이다.

유비와 손권은 둘 다 사족이 아니라 군벌이었다. 하지만 조조와 달리 그들의 정권은 다 남방에서 수립되었고 그로 인해 조조의 위나라와 정립鼎立의 세력 구도를 형성했다. 그래서 조조가 원소를 이긴 것은 서족이 사족을 이긴 것이고 손권과 유비가 조조에게 대항한 것은 남방이 북방에 대항한 것이었다.

그렇다면 남방은 왜 북방에 대항한 것일까?

그 대항의 배후에는 또 어떤 비밀이 숨겨져 있을까?

제3장

손권과 유비의 동맹

형주의 구원 요청

제갈량이 세상에 나오다

노숙의 계획

손권의 결단

적벽대전

제갈량이 세상에 나오기 7년 전에 벌써 노숙은 손권을 위해 '천하삼분'의 전략을
구상했고 나중에는 또 손권과 유비의 동맹을 촉진했다. 따라서 노숙이 없었으면
적벽대전도 삼국의 정립도 없었다고 말할 수 있다.

형주의 구원 요청

장강長江은 만 리에 걸쳐 흐르며 중국 대륙을 북방과 남방으로 나눈다. 남방은 후한시대에는 미개발 지역이어서 땅은 큰데 인구가 희박하고 문화 수준이 떨어졌다. 이 때문에 조정과 권력자들은 신경 쓰지 않았고 심지어 그럴 가치도 없다고 여겼다. 세력이 약한 군벌들이나 빈틈을 노려 들어가서 할거하곤 했다.

장강에 접해 있는 세 주州가 다 그랬다.

그 세 주는 익주, 형주, 양주揚州였다. 또한 그 세 주의 주목은 처음에는 유언, 유표, 유요劉繇였다. 유언은 익주목, 유표는 형주목, 유요는 양주목으로서 그들은 모두 후한 황실의 먼 친척, 즉 종실이기도 했다.

한 영제 중평 5년(188), 당시 황건군의 반란을 상대하기 위해 조정에서는 유언의 건의를 받아들여 자사를 주목으로 바꾸고 그 권력을 강화하는 한편, 조정의 중신과 종실을 파견해 맡도록 했다. 그 후로 주목을 맡은 종실은 위의 세 명을 포함해 다섯 명이었으며 나머지 두 명은 유주목 유우와 예주목 유비였다.

세 주의 상황은 각기 달랐고 세 주목의 처지도 각기 달랐다. 발달 정도를 보면 양주가 가장 낫고 형주가 그다음이며 익주가 가장 처졌다. 개인적인 처지는 정반대였다. 유언이 가장 낫고 유표가 그다음이며 유요가 가장 처졌다. 유요는 심지어 양주를 실질적으로 다스리지도 못했고 42세에 일찌감치 역사의 무대에서 내려왔다.

명목상 유요에게 속해 있던 양주는 둘로 나뉘었다. 장강 서쪽(강서)은 원술에게 점령당했고 장강 동쪽(강동)은 손책이 눈독을 들였다. 유요가 패전하고 병으로 죽은 뒤에는 양주 6군 중 오군吳郡, 회계會稽, 단양丹陽, 예장豫章이 손책의 수중에 들어가 훗날 오나라 손씨 정권의 기초가 되었다.[1]

하지만 모두가 가장 군침을 흘린 곳은 형주였다.

형주는 장강에 접한 세 주 중에서 가장 중요한 요충지였다. 형주를 취하면, 특히나 그 남부의 강릉江陵(지금의 후베이성 징저우荊州)을 점령하면 강을 거슬러 올라가서 익주를 취할 수도 있고 강을 따라 내려가서 양주를 취할 수도 있었다. 바로 이 점이 훗날 조조, 유비, 손권이 모두 필사적으로 형주를 빼앗으려 한 이유다.

물론 형주의 주목이 조조나 원소였다면 사정이 달랐겠지만 애석하

1 『삼국지』「유요전」 참고.

게도 주목은 별로 큰 뜻이 없는 유표였다. 원소가 원군을 요청했을 때 그는 그러겠다고 말만 하고 실제로는 꼼짝도 하지 않았다. 나중에 조조가 오환烏丸을 원정할 때도 유비가 허도를 습격하라고 권했지만 그는 흘려듣기만 했다. 과연 조조가 그를 '자수지적自守之賊', 즉 천하의 대세와 상관없이 자기 영지를 지키는 데만 급급한 자라고 지적할 만 했다.[2]

하지만 객관적으로 보면 유표는 형주에서 민심을 크게 얻었다. 그가 "백성을 사랑하고 선비를 기르며 넉넉하고 스스로를 보전하는愛民養士, 從容自保" 정책과 책략을 쓴 덕에 형주 지역은 10여 년간 안정과 평화를 유지했고 북방에서 남하해온 난민들까지 돈과 보살핌을 받았다. 이것은 유표의 업적이라고 말하지 않을 수 없다.

하지만 아무리 나무가 잠잠하게 있으려 해도 바람은 그치지 않는다.

가장 먼저 평정을 깨뜨린 사람은 유비였다. 그는 관도대전 이후, 조조에게 패하고서 유표를 찾아갔다. 당시 유표는 유비가 뜨거운 감자이기라도 한 듯 난처해하면서도 어쩔 수 없이 예우하면서 조심스레 경계했다.

유표는 고심 끝에 유비를 연이어 신야新野(지금의 허난성 신예新野)와 박망博望(지금의 허난성 팡청方城)에 출병시키고 마지막에는 번성樊城에 주둔하게 했다. 번성은 한수漢水를 사이에 두고 유표가 있던 양양襄陽과 마주보고 있어서 혹시나 생길 수 있는 변고에 대응할 수 있고 조조를

2 『삼국지』 「선주전」과 「무제기」 배송지주의 『위서』 인용문 참고.

상대하는 방어벽으로 유비를 동원할 수도 있었다.

사실 유표의 이런 옹졸함은 조조의 모사 곽가에게도 간파되었다. 그는 촌철살인으로 이를 지적했다.

"유표는 자신의 재주가 유비를 제어하기에는 모자라다는 것을 잘 알고 있습니다. 중요한 일을 맡기면 통제를 못할까 두렵고 가벼운 일을 맡기면 제대로 못 쓰지 않을까 두려운 겁니다."

그래서 곽가는 무척 경멸적인 어조로 말했다.

"유표는 앉아서 탁상공론이나 떠드는 자일 뿐입니다!"[3]

아무래도 유표는 약육강식의 난세에 태어나지 말아야 했고 그 난세에 어떻게 자신을 보전해야 하는지도 몰랐던 것 같다. 유비는 천하의 효웅이었고 제갈량은 사람들 속의 용이었는데도 그는 뜻밖에 두 사람을 경원했다. 또한 형주로 남하한 중원의 사족이 천 명이 넘는데도 그들을 정착시키는 데만 힘썼지 중용하지는 않았다. 이렇게 지혜롭지 못한데 그가 어떻게 영토를 지킬 수 있었겠는가?

그래서 북방의 조조, 동쪽의 손권은 다 호시탐탐 형주를 노렸다.

손권은 손견의 아들이자 손책의 동생이었다. 손견이 유표의 부하 장수 황조黃祖와의 전투에서 죽었을 때 큰아들 손책이 18세의 나이로 뒤를 이었다. 나중에 손책이 자객에게 암살당했을 때는 둘째 동생 손권이 19세의 나이로 뒤를 이었다. 이때 그는 명목상으로 한나라의 토로討虜장군이었고 실제로는 강동江東에 근거지를 둔 소규모 군벌이었 **100**

---

3 『삼국지』「곽가전」참고.

다.[4]

손씨 가문은 정말 대대로 소년 영웅을 배출했다. 손견은 유명해졌을 때 겨우 17세였으며 손권도 마찬가지로 비범했다. 건안 13년(208) 봄, 손권은 하구성夏口城(지금의 우한武漢의 창장강 서북 지역)을 격파하고 유표의 대장 겸 강하江夏태수 황조를 죽여 천하를 놀라게 했다.

그것은 당연히 놀랄 만한 일이었다. 그 싸움은 손권의 세력이 이미 서쪽으로 확장하고 있음을 의미했기 때문이다. 그다음 행보는 강릉을 노리고 양양을 도모하며 형주를 집어삼키려 할 것이 분명했다.

조조는 즉시 자신이 움직여야 할 때라는 것을 감지했다. 사실 오랫동안 형주를 눈독 들여온 그는 당시 원소의 잔여 세력을 다 소탕하고 북부 중국을 거의 손에 넣은 상태였다. 또한 그 자신은 스스로 승상이 되어 대권을 독차지하고 있었으므로 충분히 형주를 탈취할 수 있었고 또 탈취해야만 했다.[5]

그해 7월, 조조는 남쪽으로 유표를 정벌하러 나섰다.

이와 동시에 유표는 병으로 일어나지 못하고 8월에 죽으면서 어린 아들 유종劉琮에게 형주를 물려주었다. 유종이 조조의 적수가 될 리 만무했다. 유표의 오랜 부하인 괴월蒯越, 한숭韓嵩, 부손傅巽 등도 투항을 권했다. 이때 유종이 말했다.

"내가 여러분과 함께 선친의 가업을 지키며 천하의 변화를 관망하는 것은 불가능하겠소? 게다가 유비도 있지 않소?"

4 『삼국지』「손파로토역전孫破虜討逆傳」을 보면 손견은 초평 3년(192)에 죽었고 손책은 건안 5년 (200)에 26세로 죽었다고 하니 손책은 18세에 부친의 자리를 이어받았음을 알 수 있다. 그리고 『삼국지』「오주전吳主傳」에서 손권이 위나라 가평嘉平 4년(252)에 71세의 나이로 죽었다고 하니 손권은 19세에 형의 뒤를 이은 것이 맞다.
5 관도대전 후, 조조는 두 번 유표 정벌을 계획했다. 한 번은 건안 6년(201) 봄이었는데 순욱의 만류로 그만두었고, 한 번은 건안 8년(203)이었는데 순유의 만류로 그만두었다. 순욱과 순유가 만류한 것은 원소의 세력이 아직 다 제거되지 않았기 때문이었다.

부손이 말했다.

"불가능합니다. 신하가 임금에게 대항하는 것은 역逆으로 순順에 대항하는 것이고, 지방이 중앙에 대항하는 것은 약弱으로 강強과 싸우는 것입니다. 또 유비로 조조에게 대항하는 것은 계란으로 바위 치기입니다. 이 세 가지 방면에서 다 안 되는데도 황제의 군대에 저항한다면 죽음을 자초할 뿐입니다."

유종이 주저하자 부손이 물었다.

"장군은 스스로 유비보다 낫다고 생각하십니까?"

"그렇지 않소."

"그렇다면 유비가 조조를 못 이길 경우 장군은 스스로를 보전할 수 없을 테고, 이길 경우에는 그가 다시 장군의 부하가 될 리 없습니다."

유종은 그제야 이해했다.

그렇다. 조조에게 대항하려면 유비에게 의지할 수밖에 없었다. 하지만 유비가 지든 이기든 그에게는 좋은 결말이 없었다. 그렇다면 차라리 투항하는 편이 나았다!⁶

유종이 투항하자 조조의 대군이 즉시 무인지경처럼 쳐들어왔다. 그제야 유종은 유비에게 사람을 보내 그 사실을 알렸다. 소식을 듣고 유비는 대경실색해 칼을 빼들고서 온 사람에게 말했다.

"오늘 너를 죽여도 내 성이 풀리지 않으리라. 다만 내 칼을 더럽히고 싶지 않구나!"⁷

102

---

6 『삼국지』「유표전」 참고.

하지만 지금은 무슨 말을 해도 소용이 없었다. 그저 도망치는 것만이 상책이었다. 그러나 조조가 쫓아오는 속도는 빨랐다. 그는 친히 정예기병 5000명을 골라 하루 밤낮에 300리를 주파하는 속도로 뒤를 쫓았다. 이번 기회에 어떻게든 유비라는 눈엣가시를 제거할 셈이었다.

이와 반대로 유비가 도망치는 속도는 느렸다. 그가 양양을 지나칠 때 수많은 사인과 백성과 유표의 옛 부하들이 그를 따라 남하했기 때문이다. 그 인원이 십수만 명이고 짐수레가 수천 대여서 하루에 고작 십여 리밖에 못 갔다.

그러니 앉아서 공격을 기다리는 것이나 다름없었다.

위기가 목전에 달했는데도 유비는 먼저 가자는 주위의 건의를 뿌리치고 계속 백성과 함께 천천히 나아갔다. 그의 설명은 이랬다.

"큰일을 이루려면 반드시 사람을 근본으로 삼아야 한다. 지금 저들이 나와 생사를 함께하는데 내가 차마 어떻게 저들을 버리겠는가!"

아마도 그때가 유비 일생에서 가장 빛나는 순간이었을 것이다.

하지만 그 대가는 실로 엄청났다. 조조는 빠르게 유비를 따라잡았고 양쪽은 당양當陽의 장판長坂(지금의 후베이성 당양 동북쪽)에서 조우했다. 유비는 또다시 아내와 자식을 잃었으며 장비와 조운 등 수십 명이 뿔뿔이 흩어졌고 같이 가던 인원과 짐수레는 모두 조조의 수중에 떨어졌다.[8]

그나마 조조가 끝까지 추격하지 않은 것이 다행이었다. 그는 유비

---

7 『삼국지』 「선주전」 배송지주의 『한위춘추』 인용문 참고.

를 포기하고 군대를 몰아 곧장 강릉으로 향했다. 거기에서 수전水戰에 필요한 배를 비롯해 대량의 군수 물자를 거둬들여, 절대로 다른 자들이 이용하지 못하게 했다.

그나마 장비가 목숨을 건지고 조운이 아내를 찾아온 데 힘입어 유비는 동쪽의 하구夏口로 가기로 결정했다. 그리고 거기에서 미리 배치해놓은 관우와, 유종과는 다른 길을 택한 유표의 장남 유기劉琦와 회합을 가졌다. 하지만 유기의 육군 1만 명과 관우의 수군 1만 명으로 조조의 태산 같은 기세를 막아낼 수 있을까?

아마도 이 질문은 제갈량에게 던져야 할 것이다.

8 『삼국지』 「선주전」 참고.

제갈량이 세상에 나오다

제갈량은 1년 전에 유비 곁으로 왔다.

그것은 우리에게 익숙한 삼고초려三顧草廬의 고사와 관련이 있다. 그 고사는 나관중의 『삼국연의』에 의해 모두에게 알려졌지만 안타깝게 도 소설가의 창작일 뿐이다. 역사적 진실은 아마도 전부 혹은 일부가 다를 것이다.

그렇다면 진실은 무엇일까?

삼고초려 전에 제갈량은 유비를 만난 적이 있었다.

건안 12년, 조조는 북방을 평정했다. 형세를 통찰한 제갈량은 조 조의 다음 목표가 형주가 될 게 분명하다고 짐작했다. 하지만 유표는 믿을 만한 인물이 못 되고 오직 유비만이 형주를 구할 수 있다고 생 각해 융중隆中을 나와 유비를 만나러 갔다.

제갈량이 누군지 몰랐던 유비는 그 27세의 젊은이를 대수롭지 않게 보았다. 184센티미터의 장신에 위엄 있는 용모와 멋스러운 품격을 지닌 젊은이였지만 47세의 유비가 보기에는 한낱 풋내기에 불과했다.

그날은 유비가 손님을 접대하는 날이어서 함께 둘러앉은 사인들이 꽤 많았을 것이다. 그런데 이야기가 끝나고 다들 돌아갔는데도 제갈량만 혼자 자리를 뜨지 않았다. 유비는 그가 무슨 말을 하고 싶어하는지 묻지 않은 채 무심코 큰 소의 꼬리를 집어 장식품을 만들기 시작했다. 이때 제갈량이 물었다.

"장군의 웅대한 포부가 설마 그것입니까?"

유비가 말했다.

"그게 무슨 소리인가! 잠시 근심을 잊으려 했을 뿐이네."

"장군은 유진남劉鎭南(유표)이 조공(조조)에 견주어 어떻다고 생각하십니까?"

"미치지 못하네."

"장군은 어떻습니까?"

"역시 미치지 못하지."

제갈량이 말했다.

"그러면 설마 남이 와서 벨 때까지 기다리기만 하실 겁니까?"

유비는 그제야 제갈량이 범상치 않은 인물임을 알았으며 제갈량은 유비를 위해 계책을 세워주었다. 그는 형주에 유입되는 유민들의 경제생활을 촉진하고 주민 명부에 올릴 것을 건의했다. 유비는 그 계책 **106**

을 실행했고 과연 크게 힘이 증대되었다.[9]

그러나 이 일은 여기에서 그쳤다. 제갈량은 다시 융중으로 돌아갔다. 그가 진정으로 유비의 유능한 오른팔이 된 것은 틀림없이 사마휘司馬徽와 서서徐庶의 적극적인 추천이 있고 난 뒤였다. 하지만 그때도 유비는 그를 아주 크게 중시하지는 않았다.

"그러면 그와 귀하가 함께 오시길 청하오."

유비의 이 제안을 듣고 서서는 난색을 표했다.

"제갈공명은 와룡인데 어찌 마음대로 부를 수 있겠습니까? 자존심을 굽히고 직접 방문하시는 게 낫습니다."

그제야 삼고초려가 이뤄졌다.[10]

하지만 여기에는 문제가 있다.

제갈량이 정말 가서 만날 수만 있고 부를 수는 없는 존재였을까? 그렇다면 어째서 그는 자청해서 유비를 만나러 갔던 걸까? 그는 이미 유비를 만난 적이 있는데 유비가 또 굳이 삼고초려를 할 필요가 있었을까?

위의 의문은 확실히 설득력이 있다.

실제로 제갈량 쪽에서 먼저 유비를 만나러 갔을 가능성도 충분하다. 당시 형주가 위기를 눈앞에 둔 상태였기 때문이다. 천하를 걱정하는 제갈량으로서는 절대로 앉아 있을 수만은 없었을 것이다. 나아가 그런 책임감 때문에 그가 처음부터 유비의 존경과 신뢰를 얻었을 것

107

9 『삼국지』 「제갈량전」 배송지주의 『위략魏略』과 『구주춘추九州春秋』 인용문 참고.
10 『삼국지』 「제갈량전」과 배송지주의 『양양기襄陽記』 인용문 참고.

이라고 추측해볼 수도 있다.

이를 간접적으로 증명하는 일화도 있다.

역시 형주에서, 그것도 유표와 함께한 자리에서 유비가 허사許汜라는 사람을 가차 없이 비판한 적이 있었다.

"국난이 눈앞에 닥쳐서 백성들이 안심하고 살지 못하고 천자는 계실 곳을 잃어 누구나 나라를 위해 걱정을 나눠야 하오. 그런데 귀하는 국사國士라고 불리는 사람이 나라와 백성을 걱정하기는커녕 전답을 늘리는 데만 마음을 쓰니 정말 경멸스럽기 짝이 없구려!"[11]

제갈량은 당연히 허사와는 달랐다. 자신을 관중管仲, 악의樂毅에 견주곤 하는 뜻있는 지사로서 언제나 천하를 위해 일하고자 했다.

따라서 제갈량이 유비를 만나러 갔을 수도 있고 유비가 제갈량을 만나러 갔을 수도 있다.

사실 전한과 후한에는 원래 명사를 관리로 초빙하는 제도가 있었다.(이중톈 중국사 8권 『한무의 제국』 참고) 더구나 황제의 초빙이든 지방관의 초빙이든 다 명사에게 예의를 갖춰야 했으며 오라고 명할 수도 없었다. 광무제 유수조차 여러 번 퇴짜를 맞은 적이 있었으니 삼고초려라 해도 별로 진기할 것이 없었다.[12]

더구나 유비가 제갈량을 방문한 것은 꼭 그를 초빙한 것이라고도 할 수 없다.

이 부분은 제갈량 자신의 회고를 증거로 삼을 수 있다. 그는 21년   **108**

---

11 『삼국지』 「진등전陳登傳」 참고.
12 『후한서』 「일민逸民열전」 참고.

후에 이런 말을 했다.

"선제께서 소신을 비천하다 생각지 않으시고 몸을 낮춰 왕림하시어 초려로 세 번 소신을 찾아와서 지금 세상의 일을 물으셨습니다. 이에 감격하여 마침내 선제를 위해 바삐 일할 것을 허락했습니다."[13]

확실히 제갈량이 유비를 만나러 간 것은 계책을 건의하기 위해서였고 유비가 제갈량을 만나러 간 것은 의견을 구하기 위해서였다. 또한 두 사람이 이야기가 잘 통하고 나서야 비로소 손잡고 일하게 되었다. 이 때문에 제갈량이 유비의 군중에 왔을 때 처음에는 직책이 없었다. 군사중랑장軍師中郎將을 맡은 것은 적벽대전 이후였다.[14]

유비를 감동시킨 두 사람의 이야기는 바로 「융중대」였다.

그것은 지극히 엄숙하고 진지한 대담이었으며 양쪽 다 최대의 성의를 표시했다. 신중을 기하기 위해 유비는 '고孤'라는, 제후가 자기 자신을 가리키는 호칭을 사용했다. 그는 건안 원년에 의성정후宜城亭侯로 봉해졌기 때문에 고라고 칭할 수 있었다.[15]

이때 유비는 자신의 속내를 털어놓았다.

"한 황실이 기울고 간신이 정권을 빼앗아 천자가 몸을 피하는 일까지 생겼소. 그래서 나는 주제넘지만 한마음 한뜻으로 천하에 정의를 퍼뜨리려고 했소. 하지만 지모가 천박해 연달아 좌절을 맛보았고 아직 가시지 않은 장대한 뜻만 남았소이다. 선생은 장차 어떻게 대책을 마련할 생각이오?"

---

13 제갈량, 「출사표」 참고.
14 『삼국지』 「제갈량전」 참고.
15 『삼국지』 「선주전」 참고.

제갈량의 대책은 지극히 실제적이었다. 이미 시국을 꿰뚫어본 그는 유비에게 이렇게 권고했다.

"지금 천하의 대세를 보면 결코 모두가 장군처럼 한 황실과 천자를 걱정하지는 않습니다. 다들 땅을 빼앗아 세력을 넓히려고만 하지요. 따라서 지금 가장 급한 일은 근거지를 확보하는 것이며 이는 충분히 가능한 일입니다. 약한 조조가 강한 원소를 멸한 것만 봐도 알 수 있습니다."

"그렇다면 그곳은 어디가 좋겠소?"

"북방은 확실히 안 됩니다. 조조가 백만의 무리를 거느린 채 천자를 끼고 제후들을 호령하고 있으니 그와 겨뤄서는 안 됩니다. 동쪽도 안 됩니다. 손권은 벌써 3대째 강동을 점유하며 지리적 이점과 사람들의 화합을 다 얻어 도모하기 힘듭니다. 생각할 수 있는 곳은 형주와 익주입니다. 형주에는 일곱 군과 백 개에 달하는 현이 있습니다. 게다가 북쪽에는 한수와 면수沔水가 있고 남해南海(광둥廣東과 광시廣西 지역)의 물자를 전부 취할 수 있으며 동쪽으로는 오회吳會(장쑤와 저장浙江 지역)와 연결되고 서쪽으로는 파촉巴蜀과 통하니 실로 큰 뜻을 펼칠 만한 곳입니다. 그런데 공교롭게도 주인이 그곳을 지킬 수가 없으니 이는 하늘이 장군에게 내린 기회입니다.[16] 익주의 상황도 비슷합니다. 그곳은 밖이 천혜의 요새이고 안이 낙원과도 같습니다. 고황제(유방)도 익주의 한중漢中에서 제업을 성취하셨습니다. 그런데 성도成都의 유

---

16 형주 7군은 남양, 남군南郡, 강하, 영릉零陵, 계양桂陽, 장사長沙, 무릉武陵이다. 장릉章陵은 폐지되었다.

장劉璋은 어리석고 허약하며 한중의 장노張魯는 좋은 뜻을 품고 있지 않아서 지혜롭고 능력 있는 선비들은 현명한 군주를 갈구하고 있습니다."

"형주와 익주를 취하고 나면 또 어떻게 해야 하오?"

유비의 질문에 제갈량은 말했다.

"장군은 황실의 후손으로서 신의로 사해에 명성을 떨치고 있고 영웅들을 한손에 장악하고 있으며 현명한 인재를 목마른 사람처럼 갈구합니다. 서쪽으로는 오랑캐 융戎과 잘 지내고 남쪽으로는 월越을 다독이는 한편, 바깥으로는 손권과 좋은 관계를 맺고 안으로는 정치를 잘한다면 사업이 발전하고 힘이 커져 불패의 땅에 우뚝 설 수 있습니다. 그리고 훗날 형세에 변화가 오면 군대를 둘로 나눠 한쪽으로는 장수들을 시켜 형주에서 출발해 완성을 거쳐 낙양에 들어가게 하고 다른 한쪽으로는 장군이 직접 익주에서 북상하여 진천秦川을 거쳐 장안에 이릅니다. 그때가 되면 백성들이 술과 밥을 받쳐 들고 길 양쪽에 늘어서서 환영하지 않겠습니까?"

제갈량은 이어서 말했다.

"진실로 이렇게 한다면 패업을 이룰 수 있고 한 황실도 일으킬 수 있습니다."

유비는 진리를 깨달은 듯 머릿속이 환해졌다. 그는 기뻐서 관우와 장비에게 말했다.

"내게 공명이 생긴 것은 물고기가 물을 만난 것과 같다!"[17]

하지만 안타깝게도 제갈량이 유비에게 말한 것은 전략적 계획일 뿐이었다. 눈앞의 현실적인 문제는 유비 일행이 하구로 도망쳐온 뒤에도 조조가 가만두지 않는다는 것이었다. 12월, 강릉에서 원기를 회복하고 군수품을 완비한 조조는 대군을 이끌고 강을 따라 내려와 파구巴丘(지금의 후난성 웨양岳陽)에 다다랐다. 그 목적은 단 하나, 유비를 멸하는 것이었다.[18]

유비의 눈앞에 재난이 닥쳤다.

그 중요한 순간, 관직도 없던 제갈량이 분연히 나서서 유비에게 말했다.

"상황이 위급합니다. 청컨대 제게 권한을 주시면 강동에 가서 구원을 청하겠습니다."[19]

그것은 정확한 선택이었다. 그때 유비를 구할 수 있는 사람은 손권밖에 없었다. 하지만 손권이 아직 조조와 대립하지 않았고 형주와는 오히려 철천지원수라는 것이 문제였다. 그는 옆에서 구경이나 할 가능성이 컸다. 어부지리를 못 취하더라도 굳이 위험한 일에 끼어들 필요는 없었다. 따라서 양쪽이 동맹을 맺을 수 있을지 없을지는 전적으로 손권의 태도에 달려 있었다.

그러면 손권의 태도는 어땠을까?

---

17 위의 내용은 『삼국지』「제갈량전」 참고.
18 『삼국지』「무제기」 참고.
19 『삼국지』「제갈량전」 참고.

노숙의 계획

손권은 관망 중이었다.

사실 형주에 변고가 생기자마자 손권은 시상柴桑(지금의 장시성 주장九江)에 갔다. 그의 태도는 명확했다. 자중하며 관망하기로 했다.[20]

그것은 어쩌면 당연한 일이었다. 어쨌든 조조는 그를 노리고 온 것이 아니었고 유비는 그와 아무 연고도 없었다. 물론 그는 유비가 조조의 상대가 아님을 알고 있었으므로 따로 궁리해야 할 문제는 다른 것이었다. 유비를 격파한 뒤, 조조는 계속 동쪽으로 진출할 것인가? 유비를 도와 조조에게 저항한다면 어떤 이점이 있을까?

하지만 그것은 천천히 생각해도 상관없었다.

그렇다. 손권은 진중한 인물이었다. 나중에 조비와 유비가 연이어 황제라 칭한 뒤에도 그는 조비가 죽고 3년이 지나서야 별 문제가 없음을 확인하고 왕관을 썼다. 그 결과는 어땠을까? 삼국 가운데 그가

113

---

20 『삼국지』 「제갈량전」 참고.

가장 늦게 황제가 되긴 했지만 나라가 유지된 기간은 가장 길었다. 이처럼 손권은 토끼가 보이지 않으면 절대로 매를 날려 보내지 않을 인물이었다.[21]

제갈량의 사명은 어려웠다.

사실 진정으로 손권과 유비의 동맹을 실현한 사람은 제갈량이 아닌, 또 다른 인물이었다. 그가 손권보다 더 계산에 능했기 때문이다. 그가 자기와 더불어 모든 계산을 낱낱이 끝낸 뒤에야 손권은 결정을 내렸다.

그 사람은 바로 노숙魯肅이었다.[22]

노숙은 주유周瑜의 건의와 추천으로 손권 휘하에 들어갔고 처음 손권을 만났을 때 "의자를 맞대고 마주 술잔을 기울이며合榻對飮" 밀담을 가졌다. 이 밀담은 과거에 모개가 조조에게 그리고 저수가 원소에게 충고한 것, 훗날 제갈량이 유비에게 충고한 것과 마찬가지로 중대한 의미가 있었다. 그래서 노숙 또는 동오東吳 버전의 「융중대」라 불릴 만하다.

손권은 그에게 물었다.

"지금은 한 황실이 위태롭고 천하가 어지럽소. 나는 다행히 부친과 형님의 공을 물려받아, 제 환공과 진 문공이 이룬 것 같은 패업을 이룩하고 싶소. 선생은 나를 잘 보신 것 같은데 내게 어떤 방법을 가르쳐주려 하시오?"

114

---

21 오나라는 51년, 위나라는 46년, 촉한은 42년 동안 유지되었다.
22 이 장의 노숙에 관한 내용은 따로 주를 달지 않았다. 모두 『삼국지』 「노숙전」에 나온다.

이것은 유비가 제갈량에게 물은 것과 똑같았다. 하지만 노숙은 당장 찬물 한 바가지를 끼얹었다.

"장군은 제 환공과 진 문공은 될 수 없습니다. 과거에 고황제도 의제義帝를 받들어 패업을 이루려 하셨지만 항우가 찬성하지 않았습니다. 오늘날의 조조가 바로 그때의 항우입니다. 조조가 있는데 장군이 어떻게 제 환공과 진 문공이 될 수 있겠습니까?"

"제 환공과 진 문공이 못 된다면 무엇이 돼야 하오?"

"황제가 되십시오."

노숙은 계속 말했다.

"지금 천하의 형세를 보면 한 제국은 가망이 없고 조조가 두터운 세력을 가졌습니다. 따라서 장군은 강동에 자리를 잡고 천하를 관망해야 합니다. 그러다가 북방에 변고가 생기면 서쪽으로 진군해 장강 유역 전체를 점거하고 황제가 되어 천하를 도모하십시오. 이것이 고황제의 공업功業입니다!"

그것은 당연히 장대한 청사진이었다. 그런데 건안 5년 10월은 조조가 막 원소를 격파한 때여서 노숙이든 손권이든 그저 듣고 말하는 데에 그쳤을 것이다. 그래서 손권은 담담하게 답했다.

"내가 이곳에서 힘을 다하는 것은 단지 한 황실을 보좌하기 위해서요. 선생의 말씀은 내가 감히 생각할 수 없는 것이오."

하지만 손권은 내심 노숙의 말을 귀담아들었다. 특히 "한 황실은 부흥할 수 없고 조조는 속히 제거할 수 없다"는 구절은 한층 더 마음에 새겼다. 이 구절의 오묘한 점은 굳이 말하지 않아도 알 수 있다. 한 황실이 부흥할 수 없다는 것은 패업이 아니라 제업을 추구해도 된다는 뜻이다. 그리고 조조를 속히 제거할 수 없다면 먼저 천하를 셋으로 나눈 후 하나로 통일해야만 한다. 손권의 노선은 조조와 강을 사이에 두고 각자의 영역을 다스리는 것이었으니 남방이 북방에 대항하는 것은 필연적인 일이었다.

남방은 약하고 북방은 강했다. 남방이 북방에 대항하려면 반드시 연합하지 않을 수 없었다. 이것이 바로 노숙이 유비와 동맹을 맺어야 한다고 극력 주장하고 또 손권이 결국 적벽대전에 참여하기로 한 근본 원인이다.

따라서 천하가 셋으로 나뉜다는 것은 제갈량이 융중을 나오기 전에 이미 알고 있었을 뿐만 아니라 노숙 역시 알고 있었다. 그것도 제갈량의 「융중대」보다 시기가 7년이나 일렀다.

당연히 그들의 최종 목표는 모두 천하통일이었다.

다시 노숙의 3단계 전략을 자세히 살펴보자. 1단계에서는 강동을 튼튼히 해 중원(조조), 형주(유표)와 정립鼎立하고, 2단계에서는 적절한 때에 형주를 탈취한 뒤 장강 유역 전체를 점거해 북방과 대등하게 맞서며, 3단계에서는 황제라 칭하고 나라를 세워 천하통일을 추구하는 것이었다.

이것은 제갈량이 유비를 위해 세운 계획과 놀랄 만큼 흡사하다. 한 마디로 그들은 다 남방이 북방에 대항해야 한다고 생각하면서 '선 삼분三分, 후 통일'을 주장했다. 단지 천하를 삼분할 세 인물만 달랐다. 노숙은 조조, 손권, 유표를, 제갈량은 조조, 손권, 유비를 거론했다.

하지만 정립을 이룰 세 지역에 대한 의견은 같았다. 둘 다 중원, 강동, 형주를 꼽았다. 형주가 유표의 손에 있을 때는 조조, 손권, 유표이고 형주가 유비의 손에 있을 때는 조조, 손권, 유비일 뿐이었다. 현실에서 노숙과 손권은 나중에 다소 조정을 가했다. 유표를 유비로, 대치를 연합으로 바꿨다.

연합도 노숙의 노력으로 이뤄졌다.

유표가 병사한 후, 정치적으로 매우 민감한 노숙은 즉시 그 일의 중요성을 감지하고 조문을 명목으로 형주에 사신으로 갔다. 그리고 강릉에 닿았을 때 유종이 투항했다는 소식을 듣고는 다시 북상하여 장판에서 유비와 회합을 가졌다.

딱한 처지가 된 유비에게 노숙은 실로 하늘이 내린 천사와도 같았다. 그래서 노숙이 동맹을 제안했을 때 유비와 제갈량은 어떠한 이의도 제기하지 않았다. 그래서 노숙은 유비 일행을 데리고 하구에 갔고 그다음에는 더 동쪽으로 번구樊口(지금의 후베이성 어저우鄂州 판강樊港의 강입구)까지 들어갔다.

그러나 손권은 주저했다.

손권이 주저한 것은 계산이 잘 안 섰기 때문이다. 유비를 돕지 않으면 형주는 조조의 것이 되고 유비를 도우면 형주는 유비의 것이 될 터였다. 양쪽 다 돕지 않더라도 형주가 그의 것이 될 리는 없고 잘못하면 전화戰火가 집 앞마당까지 번질 위험이 컸다. 돕는 것도 마땅치 않고 안 돕는 것도 마땅치 않아 실로 결정을 내리기 어려웠다.

그러면 손권은 나중에 왜 유비와 연합하기로 결정한 것일까?

문제가 변했기 때문이다. 유비를 돕느냐 돕지 않느냐의 문제에서 조조에게 투항하느냐 마느냐의 문제로 바뀌었기 때문이다. 손권의 첩보 부서에서 소식을 받아 전하길, 조조가 유비를 격파한 후 강동까지 진군해올 것이라고 했다. 완전히 신뢰할 수는 없는 한 사료에서는 조조가 손권에게 이런 편지를 보내왔다고도 한다.

근자에 내가 황제의 명을 받들고 죄인을 토벌하는데 군기軍旗가 남쪽으로 향하자 유종이 투항했소. 지금 수군 80만을 양성했는데 바야흐로 장군과 더불어 동오에서 사냥을 하고자 하오.[23]

손권은 즉시 긴급회의를 소집해 의견을 수렴했다. 그 결과는 투항하자는 의견이 대부분이었다. 그들의 논리는 이랬다.

"조조는 한나라 재상의 명의를 빌려 무도하게도 천자를 끼고 사방을 정벌하니 어떻게 대항할 수 있겠습니까? 하물며 그가 형주를 얻

---

23 조조의 편지는 『삼국지』「오주전」 배송지주의 『강표전江表傳』 인용문에 나온다. 이 편지의 진위에 관해서는 졸저, 『삼국지 강의』 참고.

고 강릉을 점령하고 나면 장강의 천험의 지리적 조건도 우리와 공유할 터이니 투항을 하는 편이 낫습니다."[24]

노숙만 아무 소리도 하지 않았다.

손권은 어찌할 바를 모르다가 일어나서 화장실에 갔다. 노숙도 따라서 처마 밑까지 갔다. 손권은 노숙이 자신에게 은밀히 중요한 말을 하려는 것을 알고 그의 손을 잡아끌며 물었다.

"내게 무슨 할 말이 있소?"

"그렇습니다. 투항은 할 수 없는 것은 아니지만 누가 투항하는지가 중요합니다. 이 노숙은 할 수 있습니다. 하지만 장군은 해서는 안 됩니다. 왜 그럴까요? 저는 투항한 뒤에도 한발 한발 올라가 군수도 될 수 있고 주목도 될 수 있습니다. 그런데 장군은 조조에게 투항하고 나면 뭐가 될 수 있습니까?"

그것은 물론 비밀 이야기였지만 손권의 마음을 흔들었다. 사실 손권은 노숙의 그 '융중대'가 꽤 일리가 있다고 생각했다. 또한 유비와 연합해 조조에게 대항해야만 지금은 강동을 보전하고 나중에는 황제가 되어 제업을 도모할 수 있다는 것을 알고 있었다. 조조에게 투항하면 아무런 미래도 없었다.

그래서 손권은 탄식하며 말했다.

"저들의 말은 너무나 실망스러운데 오직 그대만 나와 생각이 같구려. 그대는 하늘이 내게 내려준 사람이오!"

119

---

[24] 『삼국지』「주유전」과 『자치통감』 제65권 참고.

조조에게 투항하지 않는다면 유비와 연합하는 것 외에는 다른 방도가 없었다.

이제 유비와 연합해 조조에게 대항해야만 했다.

그런데 이기지 못하면 어떻게 해야 하나?

노숙은 말하지 않았고 손권도 묻지 않았다. 전쟁에서 패한 결과는 투항과 별다를 것이 없긴 하지만 그나마 더 영광스럽기 때문이었다. 적어도 손권에게는 그러했다.

그러면 손권은 바로 결정을 내렸을까?

그럴 수 없었다. 두 사람에게 더 물어볼 말이 있었기 때문이다.

그 두 사람은 바로 제갈량과 주유였다.

손권의 결단

노숙과 이야기를 마친 뒤, 손권은 제갈량을 접견했다.[25]

이상한 일이었다. 손권은 이미 유비와 연합해 조조에게 대항하기로 마음을 굳혔다. 그런데 왜 또 제갈량의 이야기를 들으려 한 것일까? 그만큼 그가 신중했기 때문이다. 그는 유비가 얼마나 힘이 있고 또 얼마나 결심이 굳은지 파악해야만 했다. 그래서 손권은 일부러 머릿속을 완전히 비운 채 제갈량과 마주했다.

제갈량의 첫 발언은 더할 나위 없이 훌륭했다.

천하가 크게 어지러워 장군은 군사를 일으켜 강동을 차지하고 유예주 劉豫州(유비)는 남부의 여러 지역을 수복해 조조와 나란히 천하를 다투고 있습니다.[26]

121

---

25 『자치통감』에서 이 일을 손권과 노숙의 대화 앞에 배치한 것은 오류다. 졸저, 『삼국지 강의』 참고.

26 아래 대화는 모두 『삼국지』 「제갈량전」에 나온다.

겉으로 보면 제갈량은 형세를 묘사하고 역사를 회고했을 뿐이지만 몇 마디 말 속에 심오한 이치가 담겨 있다. 예컨대 이미 멸망한 원소, 원술, 여포와 아직 할거 중인 유장, 장노, 마초馬超에 대해서는 일언반구도 없어서 마치 천하를 노리는 사람은 세 사람밖에 없는 듯하다.

순서도 주의를 요한다. 손권을 먼저 놓고 다음이 유비이며 마지막이 조조다. 사실 조조가 군사를 일으켰을 때 손권과 유비는 아직 어디 있는지도 모르는 존재였는데도 말이다. 더구나 조조는 중국의 반을 차지한 채 수십만 대군을 거느리고 있고 손권도 강동 6군에 10만의 정예병이 있는 반면, 유비는 유기의 병사들까지 다 합쳐봤자 겨우 2만 병력밖에 안 되는데 어떻게 나란히 천하를 다툴 수 있겠는가?

그러나 이런 표현은 손권 입장에서는 듣기 좋았다. 조조와 나란히 천하를 다툰다는 식의 말은 또 손권에게 누가 그의 친구이고 적인지 암시해주었다. 아직 본론을 말하기도 전에 진영이 확연히 구분된 것이다.

유비의 몰락과 어려움에 대해서는 그저 담담하게 "영웅이 힘을 발휘할 여지가 없었던 탓에 유예주는 도망쳐 지금에 이르렀습니다"라고만 했다. 그렇다면 유비는 왜 힘을 발휘할 여지가 없었을까? 조조가 중원을 평정하고 형주를 격파해 천하에 위세를 떨쳤기 때문이다.

결국 조조 때문에 그렇게 된 것이지 유비 자신에게는 문제가 없다는 것이었다.

실로 절묘한 논리였다!

이어서 제갈량은 한술 더 떠 손권에게 계책을 이야기해주었다.

"조조에게 맞설 수 있으면 일찌감치 결단을 내리십시오. 반대로 버틸 수 없으면 하루속히 굴복하십시오. 장군처럼 겉으로는 복종하는 척하면서 실제로는 두 마음을 품은 채 급한데도 우물쭈물하면 곧 큰 화가 들이닥칠 겁니다."

그래서 제갈량은 말했다.

"원컨대 장군은 스스로 힘을 헤아려 대처하십시오."

이 말이 일리가 없다고는 할 수 없었다. 유비는 확실히 힘을 발휘할 여지가 없어 골치 아플 일도 없었다. 어쨌든 죽는 길밖에 없었으므로 죽자 사자 덤비기만 하면 그만이었다. 그런데 이런 식으로 생각하면 골치 아픈 사람은, 관망하고 의심하며 결단을 주저하면서 "급한데도 우물쭈물하는" 손권이었다.

하지만 자기는 막다른 골목에 몰렸으면서 굳이 남의 아픈 데를 찌르고 대신 걱정해주는 척까지 하는 제갈량의 말솜씨에 손권은 당연히 넘어가지 않았다. 오히려 정면으로 맞받아쳤다.

"그렇다면 당신네 유예주는 어째서 투항하지 않소?"

제갈량은 이때 자신을 굽히고 남의 기를 살려주면 절대로 안 된다는 것을 잘 알고 있었다. 반드시 끝까지 저항하겠다는 뜻을 상대에게 전달해야 했다. 그래서 그는 목소리를 높여 답했다.

"유예주는 황실의 후예로 영특한 재능이 세상에서 으뜸이며 사람들의 인망이 높은데 왜 투항을 하겠습니까? 혹시 저항이 실패해도 그것은 하늘의 뜻입니다. 조조에게 투항하는 것은 도저히 있을 수 없는 일입니다!"

이 말은 꽤나 늠름하지만 외교적인 수사로 보일 수밖에 없었다. 사실 유비는 다섯 번이나 주인을 바꾼 전력이 있었다. 단지 조조가 절대로 그를 용서할 리가 없으므로 투항해봤자 소용이 없을 뿐이었다. 투항해도 죽을 게 뻔했다.

그런데 손권이 바란 것은 유비 측의 바로 그런 태도였다. 그는 즉시 말했다.

"잘 생각해보니 유예주가 아니면 조조에게 대항할 수 있는 사람이 없는 듯하오."

그런데 결정을 내리기 전에 손권은 승패의 가능성도 고려해야 했으므로 단도직입적으로 물었다.

"유예주는 지난번에 조조에게 패하고도 대항할 힘이 남아 있소?"

이 문제는 확실히 매듭을 지어야 했다. 이에 제갈량은 말했다.

"조조는 만 리를 원정 와서 천 리를 기습해 이곳까지 쳐들어오느라 힘이 다 빠진 상태인데 전투력이 있겠습니까? 북방 사람들은 수전에 익숙지 않은데 전투력이 있겠습니까? 유종의 부대가 조조에게 투항한 것은 본디 어쩔 수 없어 그런 것이지 진심으로 굴복한 게 아닌데 역시 전투력이 있겠습니까?"

제갈량의 이런 판단이 옳았음은 나중에 사실로 증명되었다.

더 중요한 것은 그가 한 가지 중요한 소식을 가져온 것이었다. 그것은 바로 유비의 군대가 전멸하지는 않았고 형주도 전부 함락되지는 않았다는 사실이었다. 쌍방이 한마음으로 협력한다면 조조를 격파하는 데는 결코 문제가 없었다. 조조는 패하고 나면 북방으로 철수할 게 분명했다. 그렇게 되면 중원, 강동, 형주의 정립 구도가 마련되는 셈이었다.

그래서 제갈량은 말했다.

"성패의 계기는 오늘에 달렸습니다."

대화가 이 지점에 이른 이상, 동맹은 거의 성립된 것이나 다름없었다. 그런데 손권은 여전히 군대를 움직이지 않았다. 누가 오기를 기다리고 있었기 때문이다.

손권이 기다리던 사람은 주유였다.[27]

주유는 노숙의 건의로 전방에서 부름을 받아 오고 있었다. 노숙이 그런 건의를 한 데는 당연히 그럴 만한 이유가 있었다.

손책과 나이가 같았던 주유는 그와 함께 자랐으며 나중에는 형제처럼 친한 전우가 되었다. 강동의 기틀도 두 사람이 함께 닦았다. 그들은 또 소문이 자자했던 미녀, 대교와 소교를 각기 아내로 맞아 전쟁과 연애에서 모두 성공한 청년 영웅이 되었다. 당시 그들의 나이는

125

---

27 이 장의 주유에 관한 내용은 따로 주를 달지 않았다. 모두 『삼국지』 「주유전」에 나온다.

24세였고 사람들에게 손랑孫郞('랑郞'은 젊은이를 부르는 호칭인 동시에 남편, 애인을 뜻함), 주랑周郞이라 불렸다.

손책이 사망한 뒤, 주유는 또 앞장서서 손권을 지지했으며 장소張昭와 함께 손권의 오른팔, 왼팔이 되었다. 당시 손권의 정식 관직은 장군에 불과했지만 주유는 손권 앞에서 신하의 예를 취했다. 그는 노숙에게 이런 말도 했다.

"손권은 틀림없이 제업을 성취할 사람이오."

노숙은 그제야 손권의 휘하로 들어갔다.[28]

사실 전쟁의 형세에 대한 주유의 판단은 제갈량과 완벽하게 일치했다. 그는 심지어 조조의 이번 출정의 네 가지 폐단까지 지적했다. 우선 후환을 제거하지 못해 근거지가 불안한 상태에서 경솔하게 남하한 것이 첫 번째이고, 말을 팽개치고 배를 사용하니 장점을 버리고 단점을 택한 것이 두 번째이고, 추운 음력 섣달이라 마초와 물자가 부족한 것이 세 번째이고, 원정으로 군대를 혹사하고 풍토가 안 맞아 질병이 생길 게 뻔한 것이 네 번째였다. 그래서 그는 이렇게 말했다.

"이 네 가지는 다 전술가들이 크게 꺼리는 것인데 조조는 한 가지도 빠뜨리지 않았다. 사리사욕에 이토록 눈이 어두우니 그야말로 스스로 목숨을 내주러 온 셈인데 우리가 어찌 투항을 하겠는가? 이제 곧 그 도적을 산 채로 사로잡는 것을 보리라!"

126

---

28 『삼국지』 「노숙전」 참고.

조조가 불패의 존재라는 신화를 제갈량과 주유는 함께 산산조각 냈다.

노숙은 정치적인 계산을, 제갈량은 동맹에 대한 계산을, 주유는 군사적인 계산을 마쳐준 덕에 손권은 결심이 굳어졌고 그제야 비장의 카드를 꺼냈다.

"그 늙은 도적은 진작부터 한 왕조를 폐하고 스스로 서려 했지만 원소, 원술, 여포, 유표 그리고 나를 꺼려 그러지 못했다. 지금은 군 웅이 다 망하고 나만 홀로 남았다. 나와 늙은 도적은 결코 양립할 수 없다!"

결심을 보여주기 위해 손권은 칼을 뽑아 책상 모서리를 내리치며 소리쳤다.

"감히 조조에게 투항하자고 하는 자가 또 있으면 이 책상 꼴이 될 것이다!"[29]

바로 그날 저녁, 주유와 손권은 또 한 차례 단독 회담을 했다. 손권 은 주유의 등을 토닥이며 그의 자字를 부르면서 말했다.

"공근公瑾, 당신은 하늘이 나를 도우라고 보낸 사람이오. 나는 벌써 3만의 정예병과 전투선, 무기, 양식과 마초까지 완비해놓았소. 공근 이 자경子敬(노숙), 정공程公(정보程普)과 함께 한발 먼저 가면 나는 후방 에서 힘껏 지원하겠소. 혹시 전세가 불리하면 바로 돌아오시오. 내가 친히 그 조맹덕曹孟德과 생사를 겨룰 터이니."

127

---

29 『삼국지』「주유전」배송지주의 『강표전』 인용문 참고.

손권은 진즉에 참전 준비를 마쳐놓았던 것으로 보인다.

사실 유비와 연합해 조조에 대항하는 것은 원래 손권 자신의 계획이었다. 다만 그는 유비 쪽의 보증을 얻어야 했고 향후 실제 전투를 수행할 주유와 노숙의 주장도 들어야 했으며 또 그 기회에 부하들의 충성도도 가늠해봐야 했다. 그래서 자기 의견이 없는 것처럼 가장하며 끝까지 태도 표명을 미룬 것이다.

손권은 절대 호락호락한 인물이 아니었다.

어쨌든 오군吳軍이 마침내 출발했다. 그들은 주유와 정보를 정, 부총사령관(좌독左督과 우독右督)으로, 노숙을 참모장(참군교위參軍校尉)으로 삼은 채 전투선을 타고 돛을 올린 채 호호탕탕 번구로 나아갔다.

매일 사람을 보내 부두를 지키게 했던 유비에게는 꿈에 그리던 구원병이었다. 성의를 표시하기 위해 그는 혼자 배에 올라 주유를 만났다. 두 사람은 만나서 인사말을 주고받았지만 유비의 관심사는 오로지 병력의 상황뿐이었다.

"손 장군이 조조에게 대항하기로 한 것은 실로 현명한 결정입니다. 그런데 귀군의 병사가 얼마나 되는지요?"

유비의 질문에 주유가 답했다.

"3만입니다."

"너무 적습니다!"

하지만 주유는 자신만만하게 말했다.

"3만이면 충분합니다. 유예주께서는 마음 푹 놓으시고 제가 어떻게 적을 쳐부수는지 지켜보십시오."

적벽대전

주유의 호언대로 적벽대전은 조조의 대패로 끝났다.

적벽대전은 시대를 가른 전쟁이었다. 그 전에는 군웅이 천하를 놓고 다투었다면 그 후에는 천하가 삼분되었다. 그런데 시간, 장소, 규모, 승패의 원인을 비롯한 그 전쟁의 여러 상황에 대해서는 학자마다 의견이 분분하다.[30]

하지만 진수의 『삼국지』에 나오는 내용이 대체로 틀리지 않으리라 본다.[31]

건안 13년(208) 12월, 조조군이 강릉에서 강을 따라 내려오고 손권과 유비의 연합군은 번구에서 강을 거슬러 올라가 서로 적벽(지금의 후베이성 츠비赤壁)에서 마주쳤다. 주유가 짐작한 대로 조조군은 파구에서 이미 전염병으로 한바탕 홍역을 치른 상태였다. 정면 대결에서 패한 조조군은 어쩔 수 없이 배들을 물러 적벽 건너편 오림烏林(지금의 후베이

---

30 졸저, 『삼국지 강의』 참고.

31 아래 서술은 주로 『삼국지』 「주유전」 참고. 이 열전에 없는 내용은 따로 주를 달았다.

성 홍후(洪湖)에 정박시켰다.[32]

그때는 이미 추운 겨울이었다. 북풍이 강하게 불어 배가 요동치는 바람에 군중에 탈이 나 쓰러지는 병사가 속출했다. 그래서 조조는 배들을 한데 묶고 육군은 강가에 막사를 치고서 머무르라고 명했다. 이때 주유의 부하 장수 황개(黃蓋)가 말했다.

"적군은 많고 아군은 적으니 오래 버티기 힘듭니다. 하지만 조조군의 배가 머리와 꼬리가 이어져 있으니 불을 질러봐도 무방할 듯합니다."

주유가 그 계책에 동의하자, 황개는 거짓으로 투항했다. 수십 척의 배에 섶나무를 가득 싣고 기름까지 뿌리고서 그 위에 포장을 덮고 깃발을 꽂고는 호호탕탕 북쪽 기슭으로 나아갔다. 황개의 투항을 구경하러 조조군의 병사들이 모두 뛰어나와 목을 길게 뺀 채 기다리고 있었다. 그런데 황개의 배들이 그들에게 가까이 다가가자마자 일제히 불길에 휩싸였다.

그때는 동남풍이 불고 있어서 불길이 강기슭까지 번졌다. 그래서 조조의 배와 군영 전체가 불이 붙어 순식간에 초열지옥이 되었다. 조조군은 불에 타 죽거나 물에 빠져 죽는 병사들이 속출하며 혼란의 도가니가 되었다. 조조는 어쩔 수 없이 철수해야 했다.

철수 전, 그는 남은 배도 불사르게 했다.[33]

131 미처 방비하지 못한 조조는 투구도 갑옷도 못 챙긴 채 줄행랑쳤다.

32 조조군에 전염병이 돈 사실은 『삼국지』 「주유전」과 「선주전」에 기재되어 있으며 「곽가전」에서는 파구에서 전염병이 돌았다고 이야기한다.
33 배를 불사른 것에 관해 『삼국지』 「선주전」에서는 "손권이 주유, 정보 등의 수군 수만 명을 파견해 선주(유비)와 힘을 합쳐 조공과 적벽에서 싸워 대파하고 그의 배를 태웠다"라고 한다. 또 「곽가전」에서는 "태조(조조)가 형주를 정벌하고 돌아오는데 파구에서 전염병을 만나고 배를 태웠다"라고 하며 「오주전」에서는 "주유, 정보가 좌독, 우독을 맡아 각기 만 명을 데리고 유비와 함께 나아가 적벽에서 조공의 군대를 대파했다. 조공은 나머지 배를 불태우고 물러갔다"라고 한다. 「주유전」 배송지주의 『강표전』 인용문에서는 사후에 조조가 손권에게 편지를 보내, "나는 적벽의 전투에서 질병을 만나 스스로 배를 불사르고 물러남으로써 주유가 헛되이 명성을 얻게 만들었소"라고 했다고 한다.

주유와 유비의 협공을 받으며 미친 듯이 도망치다가 다행히 장요張遼, 허저許褚 등의 도움으로 겨우 위험에서 벗어났다. 손권과 유비의 연합군은 수륙 양면으로 남군南郡까지 조조를 쫓아 내려갔다. 조조는 정남征南장군 조인曹仁, 횡야橫野장군 서황徐晃에게는 강릉을, 절충折衝裏장군 악진樂進에게는 양양을 지키게 한 뒤, 자기는 패잔병들을 데리고 북방으로 철수했다.

조조는 정말로 무참히 패했다.

하지만 이 전쟁은 그에게 불가피했다. 사실 유표를 멸하고 형주를 빼앗는 것 외에 조조는 손권을 위협할 의도도 있었다. 건안 7년(202), 아들을 인질로 보내라는 요구를 손권에게 거절당했을 때 조조는 이미 그를 블랙리스트에 올렸을 가능성이 크다. 유표를 멸하고 형주를 빼앗는 것은 적어도 손권에게 경고하는 효과가 있었으며 그 연장선에서 손권에게 그 협박 편지를 써 보내기도 했다.

애석하게도 조조의 계획은 수포로 돌아갔다. 손권은 겁을 먹기는커녕 도리어 유비와 연합해 그를 궁지에 몰아넣었다. 그리고 유표가 죽은 대신 유비가 강해졌다. 조조는 강릉을 손에 넣기는 했지만 다시 잃어버려 원래 없었던 것과 같았다. 그가 얻은 것은 양양뿐이었다. 하지만 강릉이 여전히 적의 수중에 있어 그는 더 이상 강릉으로 넘어갈 수가 없었다.

이번에 조조는 얻은 것보다 잃은 것이 많았다.

횡재를 한 사람은 유비였다. 적벽대전 이전에 그는 처음에는 남의 울타리 밑에 기생했고 그다음에는 상갓집의 개 신세였다. 그런데 겨우 네댓 달 만에 기사회생해 완전히 다른 처지가 되었다. 형주 남부의 4군을 다스리던 무릉武陵태수 김선金旋, 장사長沙태수 한현韓玄, 계양桂陽 태수 조범趙范, 영릉零陵태수 유도劉度도 연이어 투항해왔다. 유비는 제갈량을 군사중랑장에 임명하고 자신은 스스로 형주목이 되어서 관서를 공안公安(지금의 후베이성 궁안)에 두었다.[34]

유비는 전쟁 후에 그야말로 벼락부자가 되었다.

손권은 유비가 조정에 올린 추천의 상소 덕분에 서주목이 되었다. 그는 멀리서 조조의 얼굴을 봤을 가능성도 있다. 건안 18년(213) 봄, 조조와 손권이 유수濡須(지금의 안후이성 우웨이無爲)에서 서로 대치하고 있을 때, 손권이 조각배를 타고 조조의 수군 진영을 한 바퀴 돌고 가며 악사에게 음악을 연주해 흥을 돋우게 했다. 이에 조조는 탄식하며 말했다.

"자식을 낳으면 응당 손중모孫仲謀(손권) 같아야 한다!"

나중에 또 손권은 조조에게 편지 한 통을 썼는데 내용이 딱 여덟 글자, "봄물이 불어나니 공은 속히 떠나시오春水方生, 公宜速去"였다. 따로 첨부한 종이 한 장에도 역시 "귀하가 죽지 않으면 내가 편안할 수가 없소足下不死, 孤不得安"라고 여덟 글자가 적혀 있었다.

133 조조는 편지를 받고 즉시 철군했다.[35]

---

34 「삼국지」 「선주전」 참고. 공안의 원래 이름은 유강구油江口였는데 유비가 공안으로 바꾸었다.

35 「삼국지」 「오주전」 배송지주의 「오력吳曆」 인용문 참고.

그것은 적벽대전의 여파였다.

적벽대전은 실로 삼국시대 역사의 중요한 전환점이었다. 이 전쟁 때문에 정립과 대치의 형세가 성립되었다. 그 후로 남방과 북방은 다 원정을 감행한 적이 있었다. 예를 들어 조조가 남쪽으로 손권을 원정했고 관우가 북쪽의 양양, 번성과 싸웠다. 하지만 소득 없이 돌아가거나(조조) 멸망을 자초했다(관우). 어느 쪽도 더 이상 앞으로 나아가지 못했다.

성과가 있었던 것은 동쪽과 서쪽의 전쟁이었다. 즉, 유비의 익주 점령과 손권의 형주 점령이었다. 건안 19년(214) 여름, 유장이 투항하고 유비가 성도에 입성하여 익주가 유비의 것이 됨으로써 유비는 형주목의 신분으로 익주목을 겸했다. 그리고 건안 24년(219) 겨울에는 관우가 피살되고 손권이 강릉에 입성하여 형주가 대부분 손권의 것이 되었다. 이때부터 손권은 서주목의 신분으로 형주목을 겸했다.

이로써 장강에 접한 세 주의 주인이 완전히 바뀌었다. 종실 신분의 주목이었던 유요, 유표, 유언 부자가 차례로 사라지고 남방은 손권과 유비, 두 대군벌의 무대가 되었다.

그러면 북방은 어땠을까?

제4장

천하를 셋으로 나누다

황제가 아니라 왕이라 칭하다

유비가 촉으로 들어가다

형주 토벌

맥성으로 가다

이릉대전

용모가 빼어나고 눈빛이 형형했던 손권은 성격이 대단히 신중했다.
눈앞의 이익에 눈이 어두우면 뒤에 올 위험을 감지하지 못한다는 것이 그의 정치철학이었다.
그래서 그는 적이 먼저 공격해오기를 기다려 제압하고 결정적인 기회가 올 때까지
행동을 미뤘으며 마지막에는 늘 웃었다.

황제가 아니라
왕이라 칭하다

적벽대전 후, 조조의 야심은 갈수록 커졌다.

싸움에서 패했는데 야심이 더 커지다니 상식적으로 이상한 일이 아닐 수 없다.

하지만 조조는 결코 상식적인 인물이 아니었다. 혹은 따로 자기만의 상식을 가진 인물이었다. 그의 상식에 따르면 전장에서 얻지 못한 것은 정치에서 만회해야 했다. 물론 정치에서 승승장구하려면 전장에서 연전연승한 성과를 발판으로 삼아야 했다. 그래서 조조는 또 세 차례 군사 행동을 감행했고 그때마다 따로 정치적 수확을 거뒀다.

그 세 차례의 수확은 다음과 같다. 서쪽으로 마초, 한수韓遂를 원정하고 돌아와서는 마치 소하처럼 황제를 알현할 때 이름을 고하지 않고 황제 앞에서도 종종걸음을 치지 않는가 하면 신발을 신고 검을 찬 채로 황제를 만났다. 그리고 남쪽으로 손권을 원정하고 돌아와서는

137

위공魏公으로 봉해져 위나라를 세웠으며 장노를 원정하고 돌아와서는 위공에서 위왕으로 승급했다.

건안 22년(217) 4월, 조조의 정치적 위엄은 극에 달하여 예절과 의장 모두 황제와 동등해졌다.

그래서 한 왕조를 대신하자는 목소리가 높아졌다.

앞장서서 그 의견을 올린 사람은 진군陳群과 하후돈夏侯惇이었다. 먼저 진군이 말했다.

"한 왕조는 벌써 유명무실해졌으니 그것을 대체하는 것이 어찌 불가하겠습니까?"

하후돈도 말했다.

"백성을 위해 해악을 제거하는 이가 만민의 주인이니 위왕께서는 칭제稱帝를 주저하실 필요가 없습니다."

조조는 단호히 거절했다.

그는 언젠가 "천명이 내게 있다면 나는 주周 문왕文王이 될 것이다"[1]라고 말한 적이 있다.

이 말을 아들 조비는 똑똑히 새겨들었다. 그는 조조가 죽고 몇 달 뒤, 한 헌제를 핍박하여 제위를 내놓게 했다. 하지만 조조는 이미 죽었으므로 고작해야 그를 무제로 추존한 것이 전부였다.

그러면 조조는 왜 왕이라고만 칭하고 황제라고는 칭하지 않았을까?

138

---

1 『삼국지』 「무제기」 배송지주의 『위략』과 『위씨춘추』 인용문 참고.

이유는 여러 가지였을 것이다. 큰 이유도 있고 작은 이유도 있다. 큰 이유는, 대대로 한나라의 은덕을 입어 보답할 마음이 아직 있었고 굳건한 충성의 맹세를 스스로 어길 수가 없었기 때문이다. 작은 이유는, 출신이 안 좋고 외모도 모자라 남의 비웃음을 살까 두려웠을 수도 있다.

조조는 외모가 모자랐을까?

그랬을 가능성이 크다.『삼국지』에서는 원소, 유표, 주유, 제갈량이 다 풍채가 당당한 인물이었다고 하면서도 조조의 키와 용모에 대해서는 일언반구도 없어 크게 칭찬할 만한 구석이 없었음을 알 수 있다. 흉노의 사절이 왔을 때 조조가 최염崔琰을 자신의 대역으로 내세운 것을 봐도 그가 스스로 콤플렉스를 느꼈음을 알 수 있다. 후한시대에는 용모로 사람을 평가하는 것이 유행이었다. 그래서 조조는 어쩔 수 없이 다소 열등감을 느꼈다.[2]

유비와 손권도 장애물이었다. 조조는 자기가 공공연히 황제라 칭하는 즉시 그 두 사람도 뒤를 따르겠지만 한나라를 찬탈했다는 죄명은 자기에게만 떨어지리라는 것을 잘 알고 있었다. 더욱이 모두가 황제가 되면 '중앙'이 없어지고 유비와 손권도 '지방'에서 '상대방'이 돼버리므로 그들에게 너무 이득이었다.

그래서 손권이 건안 24년(219)에 스스로 신하라 칭하며 황제 등극을 권하는 서신을 보냈을 때, 조조는 그 서신을 들고 사람들에게 말

---

2 『세설신어』「용지容止」 참고.

했다.

"이 어린 녀석이 멋대로 이 몸을 화로에 올려 구우려 하는군!"[3]

하지만 공으로 봉해지고, 나라를 세우고, 왕이 되는 것은 어느 것하나 놓치지 않았다.

전환점은 위공으로 봉해진 것이었다. 겉으로 보면 후에서 공으로 작위가 한 단계 높아진 것에 불과했다. 하지만 후와 비교해 공은 나라를 세우고 자신의 사직과 종묘를 가질 수 있었다. 조조가 위공으로 봉해진 것은 그가 정당하게 위魏 지역에 독립적인 공국公國을 세울 수 있게 되었음을 뜻했다.

이후 왕이 되는 것도 순조로웠다.

나중에 조비의 칭제는 더 자연스럽게 이뤄졌다.

그러면 조조가 그렇게 중요한 한 걸음을 내디딜 때 누가 옆에서 도왔을까?

동소였다. 이 사람은 늘 결정적인 순간에 등장했다. 옛날에는 조조가 천자를 맞이해 받들도록 도왔는데 이때는 조조가 위공에 봉해지고 위왕이라 칭하도록 계획했다. 이를 위해 동소는 동분서주하며 방책을 꾀하고 여론을 조성했으며 마침내 안건을 완성해 황제의 비준을 얻었다.[4]

그런데 그 과정에서 동소는 누군가의 반대에 부딪친 적이 있었다.

그 사람은 바로 순욱이었다.

140

---

3 『삼국지』「무제기」 배송지주의 『위략』 인용문 참고.
4 『삼국지』「무제기」와 「동소전」 배송지주의 『헌제춘추』 인용문 참고.

순욱은 명문가 출신으로 조부가 현령을 지냈고 부친이 국상國相을 지냈으며 숙부는 지위가 삼공에 이르렀다. 본인은 명사이자 중신으로서 사인들 사이에서 위망이 매우 높고 좋은 평가를 받았다. 그는 조정에서는 관직이 상서령(궁정의 비서실장)이었으며 조조 집단 내에서는 그 위치가 소하 겸 장량에 해당했다.

만약 순욱이 앞장서서 조조를 공으로 봉해 나라를 세우도록 추진했다면 동소 등에 비해 더 무게감이 있고 위신도 훨씬 높았을 것이다.

그래서 동소는 은밀히 생각을 떠보려고 그를 찾아갔지만 그는 찬물을 끼얹었다.

"조공이 의병을 일으켜 변란을 진압하고 천하를 태평하게 만든 것은 본디 조정을 돕고 나라를 안정시키기 위해서였소. 그분은 충성을 견지하고 겸양을 지켰소이다. 군자는 덕으로 사람을 사랑해야 하오. 당신들이 진정으로 조공을 사랑한다면 그분이 만년에도 절조를 지키도록 도와야 하오. 위공으로 봉하는 것은 적절치 않은 것 같소."

조조는 크게 실망함과 동시에 불같이 화가 나서 군대를 위로하라는 명목으로 그를 멀리 손권을 원정하러 간 부대로 보내버렸다. 순욱은 수춘에 도착하자마자 병이 들어 얼마 후 향년 50세로 알 수 없는 죽음을 맞았다.[5]

순욱의 사인에 대해서는 두 가지 견해가 있다. 번민 때문에 죽었다는 것과 자살을 강요받았다는 것이다. 전해지는 얘기에 따르면 조조

5 위의 내용은 『삼국지』 「순욱전」 참고.

가 사람을 보내 순욱에게 반합을 선물했다고 한다. 열어보니 안이 텅 비어 있었다. 이에 순욱은 독을 복용했다. 이 일은 당시 큰 파문을 일으켜 조정과 민간에 온갖 풍문이 나돌았고 지금까지도 풀기 힘든 미스터리로 남아 있다.[6]

사실 순욱은 이상의 파멸로 인해 죽었다.

순욱, 노숙, 제갈량은 아마도 조조, 손권, 유비 이 세 집단의 가장 중요한 인물이었을 것이다. 그들은 다 자신만의 정치 이념, 행동 원칙, 전략 방침을 갖고 각자의 군주에게 영향을 끼쳤다. 따라서 그들은 '모사'가 아니라 정치가로 불려야 한다.

그런데 세 사람의 상황은 서로 달랐다.

노숙이 제일 단순했다. 그는 명사가 아니었고 손권도 사족이 아니어서 부담이 크지 않았다. 그래서 노숙은 "한 황실은 부흥할 수 없다"고 직언할 수 있었으며 손권도 때로는 조조를 반대하는 입장이었다가 때로는 조조에게 투항하는 입장일 수 있었다. 왜냐하면 손권 측에서 보면 조조를 반대하면서 한나라를 옹호하든, 조조에게 투항하면서 한나라를 옹호하든 다 모순되지 않기 때문이었다. 유비와 맞서면 조조를 한나라 재상이라 말하고 유비와 연합하면 조조를 한나라 역적이라 말해도 그만이었다.

이것은 전형적인 실용주의다. 그러나 동오가 작고 약해서 생존하기 어려웠던 것을 감안하면 아마도 그럴 수밖에 없었을 것이다. 만약 손   142

---

6 『삼국지』 「순욱전」과 배송지주의 『위씨춘추』 인용문 참고.

권에게 이상을 위해 헌신하라고 요구했다면 그는 결코 하지 못했을 것이다. 더구나 그에게는 원래 이상이라는 것이 없었다.

제갈량은 다소 복잡했다. 그는 이상이 있었고 유비는 없었다. 그래서 적벽대전 이후, 제갈량보다 더 중용된 사람은 공리주의자 방통龐統과 법정法正이었다. 그러나 제갈량의 가장 큰 비극은 그의 촉나라가 가장 잘 다스려지고도 가장 일찍 멸망한 것이었다. 이것은 뒤에 이야기할 것이다.

비교해보면 순욱이 가장 불쌍했다.

순욱은 관도대전이 일어나기 9년 전에 모두가 선망했던 원소 곁을 떠나 조조를 따라다니며 보좌했다. 그는 원소가 결국 큰일을 못 이룰 것이며 오직 조조만이 그의 꿈인 '한 황실의 부흥'을 실현할 수 있다고 예측했다.

순욱의 눈이 삐었다고는 말할 수 없다. 그가 조조 곁에 왔을 때, 37세의 동군태수 조조는 확실히 피 끓는 애국지사였다. 그가 천자를 맞이해 받들자고 했을 때도 42세의 연주목 조조는 여전히 황실을 염려하는 제후였다. 그 후 조조가 원술을 원정하고, 여포를 죽이고, 장수의 항복을 받고, 원소를 멸하고, 북방을 평정했을 때도 순욱이 보기에는 달라진 것이 없었고 또 그래야만 했다.

그러나 십수 년 후 조조는 "천자를 받들어 조정에 불복하는 신하들을 호령"하지 않고 "천자를 끼고 제후들을 호령"했으며 스스로 위공이 되어 나라를 세우려 했다. 그것은 정말 위험 신호였다. 그다음 단계에서는 순욱의 이상과 초심을 저버릴 것이 분명했다.

그래서 순욱은 저지하지 않을 수 없었지만 효과가 있을 리 없다는 것을 알고 있었다. 조조는 이미 자신의 해적선을 타고 암흑 속으로 들어간 지 오래였다. 순욱은 할 수 없이 조조와 갈라져 죽음을 택했다. 아마도 그는 자신의 이상을 위해 목숨을 바침으로써 조조에게 마지막 간언을 하려고 했을 것이다.

더구나 순욱에게는 다른 선택의 여지가 없었다. 이제 와서 유비를 찾아갈 수도 없었다. 하물며 이상을 가진 사람에게 이상의 파멸보다 더 고통스러운 것은 없다. 나아갈 수도 물러설 수도 없게 된 그에게 남은 것은 죽음뿐이었다. 설령 죽어서도 눈을 감지 못하더라도.

조조는 끝내 한나라를 멸하고 새로운 황제가 되지는 않았다. 천국에 있을 순욱의 우울한 두 눈과 마주할 수가 없어 그랬는지도 모른다.

그것은 예지와 의지의 눈이기도 했다.

물론 그 두 눈을 유비는 볼 수 없었다.

유비가
촉으로 들어가다

유비의 야심도 커지고 있었다.[7]

원래 알거지였던 유비는 적벽대전의 최대 수혜자가 되었다. 그는 오늘날의 후난성에 있는 강남 4군과 후베이성에 있는 남군의 절반을 차지했다. 그래서 유비는 예주목이라는 허울뿐인 직함을 유지하면서 명실상부하게 형주목이 되었다.

그런데 강남 4군은 형주에서 가장 가난한 지역이어서 유비는 부유한 익주에 계속 눈독을 들였다. 건안 19년(214) 여름, 조조가 위공이 된 그 이듬해에 유비군이 성도에 입성했고 익주목 유장이 문을 열어 투항했다. 그래서 이미 예주목이자 형주목이었던 유비는 또 익주목이 되었다.

이 소식을 듣고 조조는 놀랐으며 손권은 분노했다.

손권은 일찍부터 익주를 칠 생각을 하고 있었다. 주유가 강릉을 쳐

---

7 이 장은 따로 주석 없이 모두 『삼국지』 「선주전」 참고.

함락시킨 뒤, 손권은 서쪽의 이릉夷陵(지금의 후베이성 이창宜昌)부터 동쪽의 심양尋陽(지금의 후베이성 황메이黃梅)에 이르는 장강 방어선을 통제하고 형주의 강하군을 점유한 상태에서 익주를 노리기 시작했다. 하지만 북쪽 길을 통해 안강安康을 거쳐 한중으로 들어가려니 조조가 허락해주지 않았고 남쪽 길을 통해 장강을 따라 서쪽으로 나아가려니 유비의 땅을 지나야 했다.

그래서 손권은 유비에게 함께 촉을 취하자고 제안했다.

그것은 확실히 그에게는 수지맞는 계획이었다. 손권은 동쪽에 있고 유비는 서쪽에 있어서 양쪽 군대가 함께 작전을 펼치면 유비군이 먼저 가고 동오군이 뒤를 따를 수밖에 없었다. 따라서 익주를 취하면 유비군이 방패막이로서 희생을 치르는 것이고 익주를 못 취해도 유비를 형주에서 밀어낼 수 있었다.

유비는 당연히 말려들지 않았다. 익주의 군대가 앞에 있고 동오의 군대가 뒤에 있으면 자기는 중간에서 샌드위치 신세가 된다는 것을 잘 알고 있었다. 더구나 함께 촉을 취하는 것도 원치 않았다. 그는 혼자 집어삼키기를 바랐다.

손권은 결국 뜻을 이루지 못했다.

그러면 조조는 어땠을까?

적벽대전 이후 조조는 형주의 남양군과 남군의 다른 절반(양양 포함)을 차지했으며 물론 마찬가지로 익주를 원했다. 하지만 안타깝게도 바람을 이루지 못하고 거꾸로 유비에게 기회를 헌납했다.

건안 16년(211) 봄, 마초와 한수가 반기를 들게 하기 위해 조조는 서쪽으로 장노를 원정하겠다고 공공연히 떠들었다. 장노는 한중에 있고 마초와 한수는 관중關中에 있었다. 장노를 치려면 반드시 마초와 한수의 땅을 지나가야 했다. 이 때문에 두 사람은 반기를 들고 공개적으로 조조를 반대했으며 조조도 군대를 보내 그들을 멸할 만한 명분이 생겼다.

그런데 조조의 그 모략을 유장은 사실로 믿었다. 유장은 익주목 유언의 아들로서 부친의 음덕에 힘입어 익주를 다스리고 있었다. 당연히 그는 한중이 익주의 문호라는 것도, 조조가 장노의 군수 물자와 병력을 취하기만 하면 한층 더 천하무적이 되어 자기는 전혀 상대할 수 없다는 것도 알고 있었다.

유장은 속수무책이었다.

그때 장송張松이라는 사람이 계책을 세워 유비를 시켜 장노를 치게 하자고 건의했다.

"유예주는 장군과 한집안 사람이고 조조의 숙적입니다. 유예주가 한중에 있으면 조조가 와도 두렵지 않습니다."

장송은 유비를 이롭게 하려는 속내가 있었기에 이런 건의를 했지만 유장도 따로 얄팍한 속셈이 있었다. 사실 그는 외적도 두렵고 내란도 두려워서 익주를 지킬 수 있게 같은 유씨 집안사람이 도와주길 역시 희망하고 있었다. 그래서 장송의 건의를 받아들여 법정에게 군사 4000명을 주고 유비를 만나러 가게 했다.[8]

나름대로 머리를 쓴 것이기는 했지만 안타깝게도 유장은 장송과 법정이 진작부터 익주를 유비에게 헌납할 계획이었음을 알지 못했다. 그래서 유장의 특사 법정은 형주에 가자마자 유비에게 익주를 취할 계책을 바쳤다.

하지만 유비는 주저했다.

주저할 만도 했다. 어쨌든 누가 도와달라고 하는데 그 기회를 틈타 그 사람을 멸하는 것은 찜찜한 일이기 때문이었다. 유비는 이렇게 말했다.

"내가 성공할 수 있었던 것은 무슨 일이든 조조와 반대로 했기 때문이오. 그가 몰아붙이면 나는 너그러웠고 그가 난폭하면 나는 인자했소. 또 그가 간사하면 나는 충직했소. 그러니 이번이라고 남에게 신의를 잃어서야 되겠소?"

이때 방통이 나서 의견을 말했다.

'봉추鳳雛'라고 불리던 방통은 역사에서 제갈량과 이름을 나란히 하는 듯하지만 사실 '와룡臥龍'과 함께 논할 만한 인물은 아니다. 그가 유비의 우려를 불식시키려고 늘어놓은 말은 강도의 논리나 다름없었다. 신빙성이 떨어지는 어느 사료에 따르면 방통은 다음과 같이 말했다.

148

---

8 유장의 얄팍한 속셈에 관해서는 졸저, 『삼국지 강의』 참고.

"약소한 세력을 겸병해 어리석은 세력을 공격하는 것은 불변의 진리입니다. 장차 유장을 고관으로 봉하여 섭섭지 않게 해주면 되지 않겠습니까? 지금 우리가 나서지 않으면 조만간 남을 유리하게 해주는 꼴이 될 겁니다."[9]

말도 안 되는 억지였지만 다행히 유비는 바로 이런 말을 듣고 싶어 했다. 건안 16년(211) 12월, 유비는 제갈량, 관우, 장비를 남겨 형주를 지키게 하고 조운을 예비 전력으로 배치한 채 자신은 방통과 함께 서쪽 익주를 향해 출발했다. 가는 길은 내내 별일 없이 순탄했다.

유장은 성도에서 부성涪城으로 급히 와서 친히 유비를 맞이했고 물자까지 지원했다. 이때 유비는 병력이 3만 명이 넘고 수레, 갑옷, 무기, 물자가 다 풍부해 장노와 대적할 만했다.

그러면 유비는 장노에게 갔을까?

가지 않았다.

유비는 장노를 치러 온 것이 아니라 익주를 빼앗으러 온 것이기 때문이었다. 그래서 부성(유장의 영역)과 양평관陽平關(장노의 영역) 사이의 가맹葭萌(지금의 쓰촨성 광위안廣元)에 멈춘 뒤, 널리 은덕을 베풀어 인심을 매수하며 기회가 오기를 기다렸다.

기회는 금세 왔다.

건안 17년(212), 조조가 남쪽으로 손권을 치러 갔다. 12월에는 손권이 유비에게 구원을 요청했다. 유비는 이때 짐짓 허세를 부리며 유장

---

9 『삼국지』「방통전」 배송지주의 『구주춘추』 인용문 참고.

에게 편지를 썼다. 손권과 자신은 이와 치아처럼 서로 의지하는 관계이고 관우는 형주에서 힘이 부족한데 장노는 자신을 지키는 데 급급한 자여서 걱정할 필요가 없다고 했다. 그래서 자기는 형주를 구원하고 올 터이니 병력 1만과 군수 물자를 더 빌려달라고 부탁했다.

유장은 가맹에서의 유비의 행각이 미심쩍기도 했고 그가 익주를 노린다는 소문을 듣고 더 의구심이 들어서 병력은 4000명만 주고 나머지도 절반으로 깎았다. 이 소식을 듣고 장송은 크게 놀라 법정에게 편지를 썼다.

"우리 일은 성공을 눈앞에 두었으니 막판의 실수로 그르쳐서는 안되오."

결국 장송은 자신의 형과 광한廣漢태수 장숙張肅의 고발로 유장에게 붙잡혀 목이 달아났다.

장송의 조바심과 유장의 의심이 유비에게 익주 토벌의 구실을 마련해주었다. 당시 방통은 상, 중, 하 세 가지 계책을 제시했다. 상책은 정예병을 뽑아 밤새 달려가서 성도를 기습하게 하는 것이었고 하책은 백제白帝로 물러나 형주를 튼튼히 지키며 신중하게 대응하는 것이었다. 유비는 방통의 중책을 받아들여 실행했다. 그것은 백수관白水關(지금의 쓰촨성 칭촨靑川)을 지키던 양회楊懷와 고패高沛를 참살하고 말 머리를 돌려 부성을 점령하는 것이었다.

이어서 건안 18년(213) 5월, 유비는 부성에서 성도로 진군했다. 그리고 이듬해 5월, 관우에게 형주를 지키게 하고 제갈량, 장비, 조운을 촉으로 불러 각기 다른 길을 통해 성들을 공략하게 했다.

그리고 그해 여름, 유비는 낙성維城(지금의 쓰촨성 광한廣漢의 북쪽)을 함락하고 제갈량, 장비, 조운과 병력을 합쳐 성도를 포위했다. 이때 마초도 군사를 이끌고 와서 유비에게 투항하여 유장은 꼼짝없이 독 안에 든 쥐가 되었다.

이에 유장은 하늘을 우러러 장탄식을 했다.

"우리 부자는 익주에서 20여 년을 머물며 백성에게 은덕을 못 베풀고 지금 또 3년 전란의 고통을 주고 있으니 실로 괴롭도다. 속히 성문을 열어 유비에게 투항하리라."[10]

아마 조조는 이런 일을 예상하지 못했을 것이다. 그렇지 않았으면 2년 반 동안이나 아무 조치 없이 손권에게만 위세를 부렸을 리가 없다.

사실상 유비의 기회는 다 조조가 준 것이었다. 그가 장노를 정벌하겠다고 떠들어 유장이 늑대를 집에 끌어들였고, 그가 손권을 원정하여 유비가 그것을 빌미로 일을 벌였으며, 역시 그가 손권과 아귀다툼을 하는 사이에 유비가 어부지리를 취할 수 있었다.

유비는 부성을 함락한 뒤, 크게 술판을 벌여 승리를 축하했다고 한다. 그런데 방통은 그것을 반대했다. 양심에 찔렸을 수도 있고 유비에게 자만하지 말라고 경고한 것일 수도 있다. 어쨌든 방통은 술자리

151

---

10 『삼국지』 「유장전」 참고.

에서 크게 분위기를 깨는 발언을 했다.

"남의 땅을 차지하고 기뻐하면 인자仁者의 군대가 아닙니다."

이때 이미 취해 있던 유비가 대로하여 말했다.

"주周 무왕武王이 주왕紂王을 토벌했을 때는 앞에서는 노래를 부르고 뒤에서는 춤을 추었다. 설마 무왕의 군대도 인자의 군대가 아니었다는 게냐? 내 앞에서 당장 꺼져라!"

얼마 후 유비는 자신의 말이 지나쳤다고 생각해 방통을 다시 불러들였다.

방통은 사죄의 말도 없이 앉자마자 별일 없었다는 듯이 먹고 마셨다. 유비가 그에게 물었다.

"방금 누가 틀렸소?"

"군신이 다 틀렸습니다."

방통의 대꾸에 유비는 껄껄 웃고서 계속 즐겁게 술을 마셨다.[11]

그렇다. 유비는 웃을 수 있었고 또 웃는 게 당연했다. 그 전까지 그는 다섯 번 주인이 바뀌고 네 번 아내를 잃었다. 반평생을 엎어지고 자빠지며 기구하게 살다가 이제야 빛을 본 셈이었다.

하지만 손권은 웃을 수 없었다.

---

11 『삼국지』「방통전」 참고.

형주 토벌

유비가 성도에 입성하자마자 손권이 형주를 돌려달라고 요구해왔다.

형주는 원래 노숙의 건의로 손권이 유비에게 '빌려준' 땅이었지만 애석하게도 이 견해에는 큰 문제가 있다. 유비는 원래 형주목인데 왜 형주를 빌리려 했겠는가? 또한 당시 형주의 일부는 이미 유비의 통치 아래 있었고 또 일부는 조조의 수중에 있었는데 손권이 어떻게 빌려 주었겠는가?[12]

사실 유비가 손권에게 빌린 땅은 오직 강릉뿐이었다.

하지만 그것은 주유의 입장에서는 원래 말도 안 되는 요구였다. 강릉은 그가 무려 1년을 들여 함락한 곳이었다. 그런 곳을 어떻게 고이 남에게 내줄 수 있었겠는가? 그래서 주유는 동의하지 않았을 뿐만 아니라 유비를 몰래 처치하려고까지 했다.

153　　건안 15년(210) 12월, 다시 말해 적벽대전이 있은 지 2년 뒤이자 손

12　청나라 조익趙翼의 『이십이사찰기二十二史札記』 「차형주지비借荊州之非」 참고.

권이 누이동생을 시집보낸 지 1년 뒤에 유비가 공안에서 경구京口(지금의 장쑤성 전장鎭江)로 손권을 만나러 와서는 강릉을 자신에게 양보하고 자신이 형주목으로 일할 관서를 내달라고 했다.[13]

이에 주유는 손권에게 이 기회에 유비를 오현吳縣(지금의 장쑤성 쑤저우蘇州)에 연금하자고 건의하며 말했다.

"유비에게는 효웅의 모습이 있고 관우와 장비는 곰이나 호랑이 같은 장수이니 어찌 오랫동안 남에게 몸을 굽히고 속박을 받겠습니까? 만약 그가 강릉을 얻으면 이무기가 비와 구름을 얻어 더는 연못 속에 머물지 않는 형국이 될까 두렵습니다."[14]

주유의 그 계책은 적절했지만 애석하게도 현실적이지는 못했다. 유비를 연금하는 것은 어렵지 않았지만 관우와 장비가 쳐들어올 게 뻔했기 때문이다. 또한 그렇게 되면 그들이 유비를 구해 가지는 못하더라도 쌍방이 철천지원수가 되어 조조가 끼어들 기회를 줄 수 있었다. 그래서 손권은 동의하지 않았다.

그런데 이 일로 인해 유비는 뒤늦게 두려움을 느꼈다.

어느 날 유비는 방통과 한담을 나누다가 물었다.

"선생은 내게 오기 전에 공조功曹로서 주공근(주유)을 보좌하지 않았소? 듣기에 내가 경구에 갔을 때 누가 중모(손권)에게 나를 억류하라고 했다던데 그런 일이 있었소?"

"그런 일이 있었습니다."

154

---

13 『삼국지』「노숙전」참고.
14 『삼국지』「주유전」참고.

유비는 길게 탄식하며 말했다.

"나는 그때 남에게 부탁해야 하는 처지라 위험을 무릅썼는데 하마 터면 주유에게 당할 뻔했구려. 당시 공명은 가서는 안 된다고 내게 거 듭 당부했었소. 천하의 지혜로운 책사는 실로 견해가 대동소이하구 려!"15

유비는 재난을 피해갔지만 주유는 포기하지 않았다. 그는 직접 경 구에 가서 손권을 만나 "익주를 탈취하고 장노를 병합하며 마초와 연 합하는" 전략을 건의했다. 그것은 조조를 겨냥하는 동시에 유비를 모 해하는 방안이었다. 만약 그대로만 되면 장강의 상류와 하류 그리고 관중과 한중이 다 손권의 것이 될 수 있었다.

손권은 주유의 그 방안을 허가했다. 그러나 불행히도 주유는 파구 에 이르러 병으로 사망했다. 당시 그의 나이는 36세였다. 죽기 전에 그는 손권에게 글을 올려 노숙을 후임자로 추천했고 아울러 조조와 유비의 일을 걱정했다.

"조공이 북쪽에 있어 전장이 아직 소란스럽고 유비는 한군데에 빌 붙어 지내는데 호랑이를 기르는 것과 같으니 절대로 소홀히 하시면 안 됩니다!"16

주유는 시종일관 조조와 유비를 최대의 적으로 보았다.

하지만 노숙의 생각은 달랐다. 그는 주유의 자리를 이어받자마자 **155** 정책을 바꿔 손권을 설득해 강릉을 유비에게 넘겨주게 했다.

---

15 『삼국지』 「방통전」 배송지주의 『강표전』 인용문 참고.
16 『삼국지』 「노숙전」 배송지주의 『강표전』 인용문 참고.

사실 노숙은 진작부터 그런 주장을 했다. 유비가 경구에 왔을 때 이미 손권에게 잠시 강릉을 유비에게 빌려주자고 했다. 노숙의 목적은 명확했다. 바로 공동으로 조조에게 대항하는 것이었다. 그래서 그 소식을 듣고 마침 글을 쓰던 조조는 깜짝 놀라 바닥에 붓을 떨어뜨렸다.[17]

이것이 바로 "형주를 빌려주었다"는 견해의 유래다.

그런데 만약 '빌렸다'는 견해를 인정한다면 문제는 빌렸으니 돌려줘야 한다는 데 있었다. 하물며 유비는 이미 익주를 얻었으므로 형주를 돌려주지 않을 이유가 없었다. 그래서 건안 20년(215), 동오의 사신이 성도에 도착했다. 더구나 손권이 파견한 그 사신은 바로 제갈량의 친형 제갈근諸葛瑾이었다.

하지만 유비는 그 수법에 말려들지 않았다. 그는 이렇게 말했다.

"나는 양주涼州를 칠 준비를 하고 있소. 양주를 함락시키면 형주의 모든 땅을 돌려드리리다."[18]

이 소식을 듣고 손권은 대로했다. 형주뿐만 아니라 익주 때문에 더 그랬다.

원래 손권도 익주를 노렸을뿐더러 분위奮威장군 손유孫瑜를 선발대로 삼아 하구에 주둔시켜놓은 적도 있었다. 그런데 당시 유비가 부드러운 듯하지만 흉악한 속내가 숨겨진 편지를 손권에게 보내 말했다.

"장군이 기어코 익주를 포기하지 않으신다면 이 유비는 어쩔 수 없 156

---

17 『삼국지』「노숙전」참고. 사마광司馬光의 『자치통감고이資治通鑑考異』에서는 "조조가 그러지는 않았을 것이다"라고 말한다.
18 『삼국지』「오주전」참고.

이 머리를 풀어 헤치고 숲으로 들어가 은거하겠습니다."[19]

그와 동시에 유비는 상응하는 군사적 배치를 진행했다. 관우를 강릉에, 장비를 자귀秭歸에, 제갈량을 남군에 주둔시키고 자기는 공안에 주둔했다.[20]

손권은 결국 손유를 철수시킬 수밖에 없었다.

그런데 손유가 떠나자마자 유비는 익주 공략을 추진하기 시작했다. 전에 얘기했던 번드르르한 말들, 예를 들어 유장과는 한나라의 같은 종실이라느니, 함께 힘을 합쳐 한 왕조를 보좌할 것이라느니, 자기가 익주를 탈취하려 한다는 소문은 감히 귀에 담을 수도 없다느니 하는 얘기는 죄다 구름 저편으로 던져버렸다. 교활하기 짝이 없는 자라고 손권이 유비를 마구 욕할 만도 했다.[21]

이제 형주를 돌려주지 않으면 당연히 그건 더 심한 억지였다.

그래서 손권은 유비가 어떻게 나오든 상관없이 무작정 장사, 계양, 영릉 세 군에 관리를 직접 파견했다. 그러자 형주를 총괄하던 관우도 마찬가지로 인정사정없이 손권이 보낸 그 지방관들을 모조리 경계 밖으로 쫓아냈다.

손권은 대로하여 즉각 여몽呂蒙에게 군사 2만을 주고 그 세 군을 취하러 가게 하는 동시에 노숙에게는 군사 1만을 파구에 주둔시켜 관우에 대항하게 했다. 그리고 자신은 육구陸口(지금의 후베이성 자위嘉魚 서남쪽 루수이陸水 입구)에 주둔해 지휘 감독을 맡았다.

---

19 『삼국지』「노숙전」참고.
20 『삼국지』「선주전」배송지주의 『헌제춘추』인용문 참고.
21 『삼국지』「노숙전」참고.

유비는 이 소식을 듣고 상황이 심각하다는 것을 알고서 즉시 제갈량에게 성도를 맡긴 채 군사 5만을 거느리고 공안으로 돌아갔다. 동시에 관우에게 군사 3만을 데리고서 익양益陽(지금의 후난성 이양)에 진주해 손권과 결전을 치를 준비를 하라고 명했다.[22]

전투 전에 관우와 노숙은 한 차례 회담을 가졌다.

회담은 노숙이 먼저 요구했다. 아마도 노숙은 외교적인 수단으로 문제를 해결하고 가능한 한 전쟁을 피할 수 있기를 바랐을 것이다. 그래서 그는 회담을 진행할 때 양쪽 군대를 백 보 거리로 유지한 채 양쪽의 장군만 칼을 차고 앞에 나와 만나자고 제안했다. 이것이 바로 역사적으로 유명한 '단도부회單刀赴會'다.

노숙이 먼저 입을 열었다. 그는 관우를 꾸짖으며 말했다.

"우리 주공이 좋은 마음으로 귀측에 땅을 빌려준 것은 귀측이 새로 패전을 당하고 먼 길을 왔는데 머물 만한 곳이 없어서였소. 이제 귀측이 익주를 얻었으니 마땅히 형주를 돌려줘야 하오. 그런데 우리가 단지 세 군만 요구하는데도 왜 내주지 않는 거요?"[23]

이 말은 이치에 맞지 않았다.

사실 유비는 형주를 빌릴 때 이미 강남 4군(무릉, 장사, 계양, 영릉)과 남군의 절반이 생겨서 결코 "패전을 당하고 먼 길을 왔는데 머물 만한 곳이 없는" 상태가 아니었다. 손권이 요구한 장사, 계양, 영릉 세 군도 원래 동오의 것이 아니라 유비가 싸워서 얻은 것이었다. 유비가

22 위의 내용은 『삼국지』 「오주전」과 『자치통감』 제67권 참고.
23 『삼국지』 「노숙전」과 배송지주의 『오서』 인용문 참고.

제4장 천하를 셋으로 나누다

빌린 땅은 강릉뿐인데도 다른 지역까지 빌려준 땅이라고 우기는 격이 었다.

하물며 유비가 형주목이 된 것은 손권도 동의한 사항이었다. 만약 형주를 통째로 손권에게 줘야 한다면 유비는 어떻게 형주목을 맡아야 한단 말인가?

그래서 회담은 아무 성과도 없었고 성과가 있을 수도 없었다.

노숙과 관우는 전장에서 만나야만 했다.

그것은 노숙에게 확실히 고통스러운 일이었다. 동오의 화친파를 이끄는 우두머리로서 그는 결코 이런 결과를 원치 않았다.

멀리 성도에 있던 제갈량도 틀림없이 같은 심경이었을 것이다.

결과적으로는 또 조조가 그들을 도와주었다. 같은 해 3월, 조조가 서쪽으로 장노를 원정하여 7월에 한중에 입성했다. 이 소식이 전해지자 유비는 지금 손권과 맞서고 있을 때가 아니라는 것을 깨닫고 사람을 보내 손권에게 화의를 청했다.

손권도 유비와 무력 충돌하고 싶지 않아 제갈근을 보내 담판을 하게 했다. 그래서 양쪽은 합의하기를, 조조의 수중에 있는 남양과 양양을 제외하고 상수湘水를 경계로 하여 형주를 나눠 갖기로 했다. 장사, 강하, 계양을 포함한 동쪽은 손권이 갖고 남군, 영릉, 무릉을 포함한 서쪽은 유비가 가졌다. 유비는 상수 동쪽 지역을 잃긴 했지만 **159** 손권과 조조의 양면 협공을 피했으니 땅과 평화를 맞바꾼 셈이었

다.[24]

그런데 강릉을 회수하지 못한 손권은 미리 누이동생을 불러들였다. 이름이 손인孫仁인 듯한 그 막내 누이동생은 건안 14년(209) 12월에 유비에게 시집을 갔는데 건안 16년 12월, 유비가 촉으로 들어갈 때 손권에 의해 친정으로 돌아갔다. 유비와는 딱 2년밖에 부부 생활을 못한 것이다.[25]

손권의 누이동생이었으니 손부인은 당연히 위풍당당했다. 그녀는 여러 가지 흥미로운 이야기를 남겼고 제갈량조차 그녀를 다소 두려워했다. 하지만 여인으로서의 삶은 매우 불행했다. 결혼도 이혼도 자기 뜻이 아니었다. 사실 동오에 돌아간 뒤, 손부인이 어떻게 살았는지는 기록이 없다. 물론 유비와 다시 잘됐을 리는 만무하고 혹시 다른 사람과 새로운 로맨스가 있지 않았을까?

그것은 아무도 모른다.

우리가 아는 것은 손권이 단념할 리가 없었고 형주도 다시 소란스러워질 운명이었다는 것뿐이다. 전쟁은 불가피했다. 단지 전과는 다른 국면으로 진행될 예정이었다.

24 『삼국지』 「오주전」 참고.
25 손권이 누이동생을 시집보낸 일은 『삼국지』 「선주전」 「법정전」과 「조운전」 배송지주의 『운별전雲別傳』 인용문에 이야기가 흩어져 있다.

맥성으로 가다

유비와 손권이 화의를 맺은 지 4년여 뒤에 한 무리의 상선이 기세등등 심양에서 강릉으로 향했다. 그 배들에 실린 것이 사실 화물이 아니라 병사라는 것을 아는 사람은 없었다. 10월의 어느 아침, 강릉을 수비하던 장수가 그 사실을 알았을 때, 그들이 할 수 있는 일은 투항밖에 없었다.

그 활극의 총감독은 여몽이었다.[26]

여몽은 노숙이 죽은 뒤 병권을 이어받았다. 그는 손권이 임명한, 장강 상류 전선의 세 번째 총사령관이었다. 노숙이 유비와의 연합을 주장한 것과 달리 여몽은 주유처럼 "유비를 집어삼키자"고 주장했다. 다만 주유가 뜻이 원대하고 기개가 높았던 것과 비교해 여몽은 시세를 잘 살피고 지모가 뛰어났다. 그는 일찌감치 손권에게 무력으로 형주를 빼앗겠다고 했지만 기회가 올 때까지 기다렸다.[27]

161

---

26 여몽에 관해서는 『삼국지』 「여몽전」 참고.
27 여몽이 무력으로 형주를 탈취하자고 한 것은 건안 16년(211)이었을 것이다. 무월繆鉞, 『삼국지선주三國志選注』의 고증 참고.

기회는 5년 뒤에 왔다. 건안 24년(219) 5월, 유비는 조조에게서 한중을 빼앗았다. 7월에는 스스로 한중왕이라 칭하고 성도로 돌아와 관우를 전前장군, 장비를 우장군, 마초를 좌장군, 황충黃忠을 후後장군으로 임명했다. 이에 고무된 관우는 의기양양해져 양양과 번성을 노리고 양번襄樊전쟁을 일으켰다.

이 전쟁은 힘들고 조마조마하게 전개되었다. 8월에 폭우가 쏟아져 한수가 제방을 넘어 범람하는 바람에 번성이 홍수에 포위되어 조조의 장수 우금于禁이 지휘하던 일곱 부대 전체가 물에 잠겼다. 관우는 그 자연재해를 틈타 공격을 개시했고 이에 우금은 생포되어 투항했으며 방덕龐德도 생포되었지만 늠름히 죽음을 택했다. 이 소식을 전해 듣고 조조는 눈물을 흘렸다고 한다.

우금이 투항하고 방덕이 죽어서 주둔군 총사령관 조인은 두 팔을 다 잃은 꼴이 되었다. 게다가 번성의 성벽도 홍수의 침식으로 계속 무너져 내려서 성안의 수비군은 공황 상태에 빠졌다. 다행히 이때 서황의 구원군이 들이닥쳐 관우는 할 수 없이 전장에서 철수해야만 했다.

첫 전투에서 승리하긴 했어도 관우는 힘이 모자라서 생각대로 싸우기가 힘들었다. 그는 조인과 서황을 상대해서 양양과 번성을 함락시키기에는 자신의 병력이 한참 모자라다는 것을 알고 있었다. 그러나 후방에서 병력을 끌어오면 남군이 허약해질 테고 병력을 끌어오지 않으면 또 전방이 위태로워질 게 뻔했다. 관우는 진퇴양난에 빠졌다. **162**

여몽에게 기회가 왔다.

관우가 우물쭈물하고 있을 때, 원래 건강이 좋은 편이 아니었던 여몽은 병이 든 것처럼 위장하기 시작했다. 손권도 일부러 밀봉하지 않은 공문을 이용해 여몽을 건업으로 치료차 불러들이고 육손陸遜을 편偏장군과 우도독에 임명해 여몽을 대신하게 했다.

육손은 육구에 도착하자마자 여몽이 세운 계책에 따라 관우에게 아첨하는 편지를 써 보냈다.

"장군의 이번 전투는 전례 없는 것이어서 강동江東 쪽에서는 누구나 환호하며 쾌재를 부릅니다. 이 육손은 일개 서생으로서 군직軍職을 감당할 주제가 못 되오니 장군의 많은 가르침을 바랍니다."

마지막으로 그는 관우에게 짐짓 한 가지 사실을 일깨우는 것을 잊지 않았다.

"조조는 교활하니 장군은 더욱 조심하십시오!"

관우는 과연 속임수에 빠졌다. 그는 동오가 갈수록 형편없어진다는 생각이 들었다. 주유는 젊은 나이에 죽었고 노숙은 원칙 없는 중재자였으며 또 여몽은 약골이고 육손은 세상 물정 모르는 선비였다. 보아하니 손권 쪽은 별로 염려할 것이 없을 듯하여 병력을 점차 번성으로 이동시켰다.

이쪽에서는 철군을 하고 저쪽으로는 병력을 이동하면서도 관우는 아무것도 모르는 상태였다. 겉으로 온갖 사탕발림하는 동맹군이 실

163

은 품에 칼을 숨긴 적일 줄은 생각지도 못했다. 또한 과거의 그 친구가 현재의 적과 결탁해 지금 자신의 목을 칠 준비를 하고 있는 줄은 더더욱 생각지 못했다.

그렇다. 조조가 손권에게 손을 내밀었다.

손권과 연합하자는 건의는 사마의司馬懿와 장제蔣濟가 내놓았다. 그들의 판단은 옳았다. 장강 하류의 지방 할거 정권으로서 강동의 손권 집단은 절대로 유비와 관우가 상류에서 세력을 키우게 놔둘 리가 없었다. 그래서 손권에게 관우를 기습하라고 설득하기만 하면 번성의 포위는 풀리게 돼 있었다.[28]

조조는 그 건의를 수용했다. 손권도 곧장 응답을 보내 관우를 토벌하는 것은 곧 조정에 대한 보답이라고 표명했다. 그러나 관우가 대비하지 못하게 비밀을 숨겨달라고 조조 쪽에 요구했다. 조조가 주위에 의견을 물으니 다들 그것이 당연하다고 말했다.

그러나 노련한 동소는 비밀을 누설하자고 주장했다.

"비밀을 숨기는 건 손권에게 유리하고 비밀이 새는 건 우리에게 유리합니다. 관우는 사납고 횡포한 자이기 때문에 비밀을 알더라도 꼭바로 철수한다고는 볼 수 없습니다. 그리고 번성의 우리 수비군이 아는 게 전혀 없다면 우리 측에 불리합니다."

그래서 입으로는 비밀을 숨기겠다고 하고 실제로는 고의로 비밀을 누설해야 한다고 했다.

164

---

28 『삼국지』 「장제전」 참고.

조조는 전적으로 그 건의에 찬성했다. 그래서 서황을 시켜 손권의 편지를 여러 부 베껴 써서 번성과 관우의 군영에 화살로 쏘아 보냄으로써 손권이 곧 강릉과 공안을 기습한다는 소식이 퍼지게 했다.[29]

동소의 예상은 맞아떨어졌다. 번성의 수비군은 사기가 배로 증가했고 관우는 망설이며 좀처럼 결정을 못 내렸다. 그가 보기에 강릉과 공안은 철옹성이어서 손권이 결코 단시간에는 공략하지 못할 것 같았지만 홍수와 대군에 둘러싸인 번성은 눈앞의 먹음직스러운 고기 같아서 포기하기가 무척 어려웠을 것이다.[30]

관우가 망설이는 바람에 서황에게 기회가 왔다. 마침 이때 조조가 또 12영營의 부대를 보내주어서 그는 대거 공격을 했고 관우는 무참히 패배하여 할 수 없이 번성에서 철수해야 했다. 하지만 조조는 관우를 뒤쫓지 않았다. 일찍부터 칼을 갈고 있던 손권이 가만있을 리가 없다고 믿었기 때문이다.[31]

조조의 예상은 정확했다. 관우는 망설였지만 손권은 망설이지 않았다. 실제로 상인 차림을 한 여몽군이 이때 강릉과 공안에 진입했다. 여몽은 군대를 단속해 엄히 군기를 지키고 백성들을 구휼하며 창고를 건드리지 않는가 하면 관우 부하들의 식솔을 후히 대접했다. 이처럼 크게 위무를 행하여 신속히 상황을 안정시켰다.

그래서 관우가 부랴부랴 남군에 돌아왔을 때, 남군의 인심은 이미 여몽에게 기울어져 더는 관우를 위해 목숨을 걸 사람이 없었다.

165

---

29 『삼국지』「동소전」 참고.
30 『자치통감』 제68권 호삼성胡三省주 참고.
31 『삼국지』「조엄전」 참고.

육손도 개가를 올렸다. 그는 여몽이 승리한 틈을 타 전진하여 유비의 수비 장수들을 내쫓거나 투항하게 했다. 의도宜都, 방릉房陵, 남향南鄉 세 군이 다 그의 수중에 떨어짐으로써 이제 형주는 더 이상 유비의 것이 아니게 되었다.[32]

관우는 맥성麥城으로 갈 수밖에 없었다.

역사적 사실을 보면 얼마 안 있어 관우의 수급이 조조에게 보내진다. 조조는 그 오랜 친구이자 적수를 후히 장사 지냈다. 또 여몽은 공로를 축하받는 연회에 갈 틈도 없이 손권의 내전에서 42세의 나이로 병사했다.[33]

하지만 여몽은 어쨌든 숙원을 이뤘으므로 편안히 눈을 감을 수 있었다.

유비는 울고 싶었지만 눈물도 나오지 않았다. 그는 형주를 잃고 관우까지 잃었다. 관우는 그의 형제일 뿐만 아니라 아끼는 장수이자 오른팔이었다. 유비는 오랜 세월 전쟁을 치르면서 군대를 반으로 나누게 되면 한쪽은 꼭 관우가 맡게 했다. 그가 관우를 보내 형주를 맡게 한 것도 꼭 사람을 잘못 쓴 것이라고는 할 수 없다.

하지만 관우는 성격에 문제가 있었다.

유비가 성도에 입성한 해에 마초가 와서 몸을 의탁했다. 이때 관우는 제갈량에게 편지를 보내 마초가 누구와 견줄 만한 인물인지 물었다. 이에 제갈량은 답했다.

---

32 『삼국지』 「오주전」 「여몽전」 「육손전」 참고.
33 관우의 죽음에 관해서는 역사적인 견해가 매우 많다. 졸저, 『삼국지 강의』 참고. 조조가 관우를 후히 장사 지냈다는 내용은 『삼국지』 「관우전」 배송지주의 「오력」 인용문 참고. 여몽의 죽음은 『삼국지』 「여몽전」 참고.

"마맹기馬孟起(마초)는 '일세의 호걸'이라 할 만해서 장익덕張益德(장비)과 어깨를 나란히 합니다. 하지만 미염공美髯公(관우)이야말로 가장 뛰어난 분이시죠."

관우는 답신을 보고 자못 득의양양해서 손님들에게 주고 돌려보게 했다.

이처럼 그는 너무 어린아이 같아서 제멋대로이고 천진난만했다. 제멋대로여서 양번전쟁을 일으켰고 천진난만해서 여몽과 육손의 속임수에 걸려들었다. 그리고 제멋대로인 데다 천진난만해서 나와 적과 친구의 관계를 처리할 때 연이어 과오를 범하는 바람에 결국 막다른 골목에 자신을 밀어 넣고 말았다.

그렇다. 관우는 정치를 잘 이해하지 못해 복잡한 정치적 관계 속에서는 영원한 친구도, 영원한 적도 없다는 것을 몰랐다. 그는 공공관계의 처리도 잘 몰랐다. 손권이 사돈을 맺자고 했을 때, 싫다고 하면 그만이지 사신에게 모욕을 줄 필요까지는 없었다. 또 부하들을 잘 대할 줄도 몰랐다. 강릉과 공안의 수비 장수들이 투항한 원인 중의 하나는 바로 관우에 대한 원한과 두려움이었다.[34]

따라서 관우에게 형주를 지키게 하여 정치와 군사 두 방면에서 조조와 손권, 두 효웅을 동시에 상대하게 만든 것은 사실 부적절한 조치였다.

167 하지만 한 가지 장점이 수많은 단점을 다 가렸다. 관우의 용맹함과

---

34 『삼국지』 「관우전」 참고.

숱한 전과는, 특히나 그가 번성에서 조조군을 대파해 천하를 뒤흔들고 조조가 천도를 할 뻔하게 한 것은 그를 전쟁의 신으로 만들었다. '전쟁의 신'은 누구의 의심도 비판도 불허하므로 그는 자신도 모르게 계속 심연으로 빠져들었다.

그래도 관우가 그렇게 빨리 패할 줄은 누구도 예상하지 못했다. 조조와 손권도 마찬가지였다. 유비 등이 관우에게만 싸움을 맡기고 늦게까지 구원하러 가지 않은 것도 바로 그 이유 때문이었다. 물론 유비역시 손권과 조조가 몰래 손을 잡았을뿐더러 여몽과 육손이 돌연 두 갈래로 남군을 기습할 줄은 생각지도 못했다.[35]

하지만 어쨌든 유비는 그 모든 것을 받아들일 수가 없었다. 당장 관우의 복수를 하지도, 관우에게 봉호封號를 내리지도 못했지만 손권이 등 뒤에서 찌른 칼을 그는 영원히 잊을 수 없었다.[36]

---

35 뤼쓰몐 선생은 『진한사秦漢史』에서 "관우가 그렇게 일패도지할 줄 조조는 생각지도 못했다. 손권도 관우가 그렇게 빨리 패할 것이라고 예상했을 것 같지는 않다"라고 했다.

36 실제로 관우가 죽은 뒤, 유비는 지나치게 분노하거나 비통해하기보다는 황제가 될 준비를 하느라 바빴다. 관우에게 봉호도 내리지 못했는데, 관우에게 장무후壯繆侯라는 시호를 내린 것은 후주 경요景耀 3년(260), 유선이 한 일이었다.

이릉대전

유비는 손권을 정벌하기로 결정했다.

그 동쪽 원정은 관우가 맥성에서 패주한 지 2년 반 만에 이뤄졌다. 이 점은 적어도 그 원정의 목적이 전적으로 관우의 복수만은 아니었음을 설명한다. 진정으로 결정적인 의미가 있었던 것은 그 시기 천하 대세의 변화였다.

실제로 관우가 죽고 한 달 만에 중대한 사건이 연이어 터졌다. 건안 25년(220) 정월, 조조가 죽고 태자 조비가 위왕의 자리를 계승했다. 10월에는 조비가 한 헌제에게 선양을 강요하여 한나라를 대신해 황제라 칭하고 연호를 황초로 바꿨다. 그리고 이듬해 4월에는 유비가 황제라 칭하고 연호를 장무章武로 정했으며 8월에는 손권이 조비가 책봉한 오왕의 칭호를 받아들여 이듬해부터 황무黃武라는 연호를 썼다.

169 이렇게 되어 당시 천하에는 세 가지 연호(조위曹魏, 촉한, 손오孫吳의 연

호), 두 명의 황제(조비와 유비), 한 명의 국왕(손권)이 생겨 천하삼분의
형세가 처음 성립되었다.

이와 동시에 손권과 유비의 동맹이 공개적으로 결렬됐다.

남군을 빼앗은 뒤, 손권은 유비와 철저히 등을 돌리고 유장이 익
주목인 것만 인정한다고 선포했다. 이때 조조는 손권이 형주목을 겸
임한다고 선포했다. 다시 말해 손권은 조조가 중앙 정부임을, 그리
고 조조는 형주가 손권의 것임을 인정하는 한편, 두 사람 모두 익주
가 유비의 것임을 인정하지 않았다. 이 논리에 따르면 원래 형주목이
면서 익주목이었고 예주목이기까지 했던 유비는 이제 아무것도 아닌
셈이었다.

물론 유비는 가만히 있지 않았다.

황제가 된 지 6개월 뒤, 유비는 강을 따라 동쪽으로 내려가 손권을
토벌하는 전쟁을 일으켰다. 당시 유비가 효정猇亭과 이릉夷陵(지금의 후
베이성 이창 동남쪽)에 주둔했기 때문에 역사에서는 '이릉-효정대전'이라
부르며 간단히 '이릉대전' 또는 '효정대전'이라 부르기도 한다.

이릉대전, 관도대전, 적벽대전은 이 시대의 3대 전쟁이라 할 만하
며 모두 전쟁을 일으킨 쪽의 패전으로 끝났다. 관도대전은 원소가 일
으키고 패전했고 적벽대전은 조조가 일으키고 패전했으며 이릉대전
은 유비가 일으키고 패전했다.

그것은 하늘의 뜻이었을까, 사람이 도모한 결과였을까?

사람이 도모한 결과였다.

사실 관우를 죽이고 형주를 탈취한 후, 손권은 자신과 유비의 관계가 완전히 깨졌다는 것을 알았다. 유비를 익주목으로 인정해줘도 소용이 없을 듯했다. 유비는 이익에 있어서는 형주를 탈환해야 했고 의리에 있어서는 복수를 해야만 했다. 한바탕 큰 전쟁을 면하기 어려울 듯하여 손권은 철저히 방비해야만 했다.

그래서 유비가 황제가 되자마자 손권은 자신의 전선 지휘부를 공안에서 악성鄂城(지금의 후베이성 웨저우鄂州)으로 옮기고 이름을 무창武昌이라 고치는 한편, 장강 연안에 줄줄이 방어선을 배치했다. 이처럼 유비를 경계해 차근차근 수비를 강화했다.

아울러 정치적으로는 위나라를 가까이하여 스스로 신하라 칭하는 상주문을 조비에게 올리기까지 했다. 이는 조비가 한나라를 찬탈한 것이 정당하고 조위 정권이 합법적임을 공개적으로 인정한 것이나 다름없었다. 이에 대해 손권 집단 내에서도 의견이 매우 분분했다. 하지만 손권은 태연자약하게 말했다.

"옛날에 고황제도 항우가 내리는 봉호를 받고 한왕이 되지 않았는가? 상황에 따라 임시변통을 하는 것인데 무슨 문제가 있는가?"[37]

이것 역시 손권만이 할 수 있는 일이었다.

용모가 빼어나고 눈빛이 형형했던 손권은 성격이 대단히 신중했다. 앞서 말한 대로 그는 사실 노숙의 계획에 찬성하여 황제가 될 준비를

171

---

37 『삼국지』 「오주전」 배송지주의 『강표전』 인용문 참고.

했다. 하지만 서두르지는 않았다. 눈앞의 이익에 눈이 어두우면 뒤에 올 위험을 감지하지 못한다는 것이 그의 정치철학이었다. 그래서 그는 적이 먼저 공격해오기를 기다려 제압하고 결정적인 기회가 올 때까지 행동을 미뤘으며 마지막에는 늘 웃었다.

반대로 유비는 경솔했다.

서기 221년 5월 15일(위나라 황초 2년 4월 병오일), 유비는 성도 서북쪽 무단산武担山에서 황제의 자리에 올랐고 7월에 어가를 타고 친정에 나서면서 장비에게 강주江州(지금의 충칭重慶)에서 합류하라고 명했다. 그러나 장비는 출발하기도 전에 부하에게 살해당해 수급까지 손권에게 넘겨졌다.

그것은 출병하기에 매우 불리한 사태였지만 유비는 자기 생각만 고집했다. 충성스럽고 용맹한 조운은 원정을 미뤄야 한다고 주장해 원정군에서 배제되기까지 했다. 당시 관우는 전사했고 황충은 병사했으며 장비는 피살되었다. 마초는 위나라를 막으려고 북쪽에 있었으며 조운은 신임을 받지 못했다. 그렇다면 유비의 동쪽 원정군에 다른 쓸 만한 장수가 있었을까?[38]

없었다. 그 원정군에는 일류 모사도 없었다. 방통은 전사한 지 오래였고 법정도 이미 세상을 떠났으며 제갈량은 성도를 지키느라 움직일 수 없었다. 그 전쟁을 지휘할 사람은 유비 자신밖에 없었다.

그런데 유비는 연이어 오류를 범했다.

---

38 『삼국지』 「조운전」 배송지주의 『운별전』 인용문 참고.

사실 유비군에도 똑똑한 사람이 있기는 했다. 그는 바로 편장군 황권黃權이었다. 황권은 유비에게 먼저 이런 말을 했다.

"오군은 용감하고 전투에 능해서 상대하기가 쉽지 않습니다. 아군이 강을 따라 내려가면 나아가기는 쉬워도 물러나기는 어려울 겁니다."

그래서 황권은 아래와 같이 건의했다.

"제가 선봉을 맡아 오군의 전력을 가늠할 테니 폐하는 후방에서 지휘를 맡아주십시오. 그래야 적진에 들어가 고립되는 위험을 피할 수 있습니다."[39]

그러나 애석하게도 유비는 말을 듣지 않았다. 그는 황권을 강의 북쪽으로 보내고 혼자 무턱대고 전진해 대군과 함께 장강 삼협三峽을 건넜다. 그리고 서기 222년 음력 정월에 오나라의 서쪽 대문인 이릉으로 쳐들어갔다.

그런데 오군은 크게 후퇴했다.

후퇴를 명한 사람은 육손이었다. 육손은 손권과 마찬가지로 대단히 신중한 인물이었다. 그는 유비가 실속 없이 기세만 드높다는 것을 알고 높은 지세에 의지해 요충지를 굳게 지켰다. 그렇게 지구전을 펼치다가 촉군이 지치면 상황을 봐서 반격에 나설 생각이었다.

상황은 육손의 계획대로 진행되었다. 기세등등하게 나아가던 촉군은 효정 전선에서 완전히 가로막혀 이릉부터 효정에 이르는 숭산의

---

39 『삼국지』 「황권전」 참고.

수백 리 험산 준령 사이에 주둔할 수밖에 없었다. 그 땅은 육손이 알아서 내주기는 했지만 유비에게는 반드시 행운의 땅이라고는 할 수 없었다.

물론 유비는 앉아서 기다리지는 않았다. 하지만 그가 아무리 도발해도 육손은 꼼짝도 하지 않았다. 그렇게 연달아 몇 달간 결전의 기회를 못 잡은 촉군은 사기가 저하되었다. 여기에 운송이 불편해 보급품이 모자랐고 날씨까지 점점 더워져서 그들은 갈수록 마음이 해이해졌다.

이때 육손은 반격의 시기가 왔다고 선언했다.

막 오군의 사기가 치솟을 때 유비는 또 허점을 남김없이 드러냈다. 효정 전선에 도착한 뒤, 그는 육로와 수로로 병진할 수 있는 좋은 조건을 버리고 오히려 수군에게 명하여 상륙해서 700리에 걸쳐 수십 곳의 군영을 세우게 했다. 멀리 낙양에 있던 조비는 이 소식을 듣자마자 판단을 내렸다.

"손권의 승전보가 곧 도착하겠구나."[40]

육손은 적벽대전의 오래된 수법을 사용했다. 그는 선봉대의 병사들에게 각자 지푸라기를 갖고 유비의 군영에 가서 불을 지르는 동시에 맹공을 가하라고 명했다. 그래서 일단 불길이 일어나자 전군을 한꺼번에 출격시켰다.

그 방법은 과연 주효했다. 육손의 명령 아래 오군의 주력이 효정에 **174**

40 『삼국지』 「문제기」 참고.

집결해 촉군을 연이어 격파했다. 유비는 미처 방비할 틈도 없이 낭패한 지경에 빠져 다급히 도망쳤다. 완전히 와해된 촉군의 병사들은 시체가 되어 장강을 가득 메운 채 하류로 흘러가서 다시는 익주로 돌아가지 못했다.[41]

육손은 일전을 승리로 장식했다.

그것은 관도대전과 적벽대전에 이어 세 번째로 시대를 가른 전쟁이었다. 관도대전 이후 북부 중국이 조조의 천하가 되었고 적벽대전 이후 남부 중국이 대항 세력이 되었으며 이릉대전 이후에는 위나라가 장강을 건널 수 없을뿐더러 오나라와 촉한도 서로를 병탄할 수 없게 되었다.

이렇게 삼국의 정립이 확정되었다.

유비의 야심도 마침표를 찍었다. 윤유월에 효정에서 패하고 팔월에 무현巫縣(지금의 충칭시 우산巫山)으로 물러났으며 그 후에 백제성白帝城(지금의 충칭시 펑제奉節 동쪽)에서 잠시 머물렀다. 얼마 후 그는 병에 걸려 돌이키기 힘든 상태가 되었다. 하지만 그런데도 육손에게 편지를 보내 장차 다시 쳐들어가겠다는 뜻을 밝혔다고 한다. 이에 육손은 죽음을 자초할 필요가 없다고, 편안히 요양이나 하는 편이 나을 것이라고 성실하게 권했다.[42]

사실 유비도 자기가 살날이 얼마 안 남았음을 알고 꼼꼼히 뒷일을 안배했다. 열일곱의 큰아들 유선劉禪을 승상 제갈량에게 맡기고 그의

175

---

41 이 전쟁에 관해서는 따로 주석 없이 『삼국지』 「육손전」 참고.
42 『삼국지』 「육손전」 배송지주의 『오록吳錄』 인용문 참고.

조수로 상서령 이엄李嚴을 지정했다.

서기 223년 6월 10일(장무 3년 4월 24일), 유비가 영안궁永安宮에서 붕어했다. 향년 63세였다.[43]

제갈량의 시대가 시작되었다.

43 『삼국지』「선주전」 참고.

제5장

제갈량의 통치

유비가 아들을 맡기다

제갈량의 집권

촉한의 멸망

동오의 길

다른 길, 같은 결과

제갈량은 자신의 약속대로 죽을 때까지 나라를 위해 온 힘을 다했다.
하지만 그는 조조와 마찬가지로 후대에 가장 많이 오해를 받은 인물이다.
그의 정치적 이상을 계승한 사람이 아무도 없는데도 그는 얼굴에 도덕적 색깔이 덧씌워져
실제와 전혀 다른 면모의 우상이 되었다.

유비가
아들을 맡기다

제갈량과 유비의 관계는 사실 매우 미묘했다.

유비의 삼고초려로 세상에 나온 제갈량은 적벽대전에서 기대를 저버리지 않았다. 동오에 사신으로 가서 빼어난 외교술로 상대를 설득해 동맹을 끌어내고 조조를 격파함으로써 유비와 한동안 물고기가 물을 만난 듯한 '밀월기'를 보냈다.

그러나 적벽대전 이후 그는 2선으로 물러난 듯하다. 익주 점령은 방통이 적극적으로 권하고 계책을 마련했으며 한중 공격은 법정이 주장하고 필사적으로 진행했다. 그래서 유비는 방통이 전사했을 때 그의 이름만 나와도 눈물을 흘렸고 법정이 병사했을 때는 며칠을 두고 눈물을 흘렸다. 법정이 죽은 뒤에 받은 대우는 심지어 관우보다 높았다.[1]

방통과 법정이야말로 유비의 왼팔, 오른팔이었다.

179

---

1 『삼국지』 「방통전」과 「법정전」 참고. 「조운전」에서는 심지어 유비가 살아 있을 때 시호를 받은 사람은 법정밖에 없었다고 말한다.

그래서 적벽대전 이후 꼬박 15년간 제갈량의 자취를 찾기 힘든 것이다. 또한 관우의 양번전쟁과 유비의 동오 원정에 대해 제갈량이 찬성이든 반대든 아예 한마디도 하지 않았던 이유도 여기에 있다.

제갈량은 침묵을 지키고 있었다.

제갈량이 왜 침묵을 지켰는지는 이해할 만하다. 유비가 효정에서 패한 뒤, 그는 길게 탄식하며 말했다.

"효직孝直(법정)이 살아 있었다면 틀림없이 폐하의 원정을 막을 수 있었을 것이다. 또 원정을 했더라도 이렇게 비참하게 패하지는 않았을 것이다!"[2]

이 말은 무엇을 의미할까? 제갈량은 동오 원정에 찬성하지 않았지만 유비가 법정의 말만 들었기 때문에 효과적으로 저지할 수 없었다는 것이다. 유비는 제갈량을 손님처럼 공경하기만 했다. 그런데 법정에 대해서는 그가 무슨 말을 하든 믿고 따랐다. 그러다가 법정이 사망하자, 유비는 누구의 말도 듣지 않았다. 제갈량의 말도 예외가 아니었다.

그런데 왜 그런 일이 벌어졌을까?

이념의 충돌 때문이었다.

누구나 알고 있듯이 제갈량은 위대한 정치가였다. 정치가와 정객의 차이점은 정치가에게는 이상이 있고 정객에게는 이익만 있다는 점에 있다. 제갈량은 이상이 있었기에 조조, 유표, 손권을 멀리하고 당시 빈털터리에 목숨조차 부지하기 어려웠던 유비를 따랐다.

그러면 유비에게는 이상이 있었을까?

처음에는 아마 있었겠지만 나중에 잊고 말았다. 잊은 시점은 대략 형주와 익주를 얻은 뒤였다. 당시 기사회생한 그에게는 이익만 있고 이상은 사라졌다. 그래서 위나라는 놔두고 동오를 토벌한 것이다. "한나라의 역적과는 양립할 수 없다" 운운한 것은 왕이 되고 황제가 되기 위한 빌미에 불과했다.[3]

유비는 잊었지만 제갈량은 잊지 않았다. 그런데 난처했던 것은 이런 미묘한 변화를 누구도 속 시원히 말하지 못했다는 점이다. 유비는 잊지 않은 것처럼 행세해야 했고 제갈량도 일깨워줄 수가 없었다. 그래서 속으로만 알고 표현하지 못하는 상태에서 제갈량은 자기가 해야 할 일에 몰두했고 유비는 방통과 법정에 의지해 더 많은 이익을 탈취했다.

문제는 이제 법정이 죽고 없다는 것이었다. 관우, 장비, 마초, 황충, 방통, 허정許靖, 유파劉巴, 마량馬良도 다 죽었다. 명망과 능력이 있는 사람은 조운과 위연魏延밖에 없었다. 또 아들을 맡길 사람은 제갈량밖에 없었다.

유비는 안심이 됐을까?

그렇기도 하고 그렇지 않기도 했다.

안심이 됐던 것은 이해하기 어렵지 않다. 제갈량의 충성심과 능력

181

에 대해 유비는 의심해본 적이 없었기 때문이다. 더구나 제갈량이 원하는 이상과 유비가 원하는 이익, 이 두 가지는 서로 충돌하지 않았다. 또한 유비는 잘 알고 있었다. 이상주의자는 개인적인 이익을 위해 도덕과 군신의 대의를 어길 리 없다는 것을. 그는 결코 제갈량이 조조나 조비로 변하지는 않을까 걱정하지 않았다.

하지만 유비를 가장 안심시킨 것은 역시 제갈량의 신중한 성격이었다. 유비는 제갈량이 평생토록 오로지 신중했음을 누구보다 잘 알았다. 그래서 위험한 도박을 해야 할 때는 방통과 법정에게 의지해야 했지만 지금처럼 가업을 지켜야 할 때는 신중한 제갈량이 가장 적합했다.

실제로 제갈량 자신도 그렇게 생각했다. 나중에 그는 회고하길, "선제께서 소신이 신중함을 아시고 붕어하기 전 소신에게 대사를 맡기셨습니다"[4]라고 했다.

그러면 유비는 또 왜 안심이 안 됐을까?

사안이 중대했기 때문이다.

사실 유비가 맡기려던 것은 아들뿐만 아니라 그가 건립한 촉한 정권 전체였다. 안타깝게도 그 정권은 위기가 사방에 도사리고 있었는데 그중에는 내우도 있고 외환도 있었다. 외환은 의심할 여지 없이 위나라와 오나라였다. 더구나 그들은 지금 서로 결탁한 상태였다. 그러면 내환은 또 무엇이었을까?

---

4 제갈량, 「출사표」참고.

지방 세력이었다.

우리는 유비가 세운 촉한이 외래 정권이었음을 알고 있다. 더 골치 아픈 것은 이 외래 정권 전에도 또 다른 외래 정권이 있었다는 사실이다. 그들은 바로 유언과 유장 부자와 그들의 부하였다. 여기에 익주 현지의 관료와 실력자들까지 합치면 촉한 왕조 내에는 상호 견제하는 세 가지 정치 세력이 있었다.

1. 익주 집단, 즉 본토의 사족
2. 동주東州 집단, 즉 유장의 옛 부하들
3. 형주 집단, 즉 유비의 측근들

이 세 집단은 서로 얽히고설킨 관계였다. 유언이 촉에 왔을 때는 익주 집단이 주인이고 동주 집단이 손님이었다. 유비가 촉에 왔을 때는 동주 집단이 주인이고 형주 집단이 손님이었다. 이렇게 손님과 주인 관계가 두 번 바뀌면서 형주(새 손님)와 동주(새 주인), 동주(옛 손님)와 익주(옛 주인) 그리고 형주(손님)와 동주(새 주인이자 옛 손님), 익주(주인)라는 3중의 모순이 생겼다.

그것은 그리 유쾌한 일이 아니었다.

더 유쾌하지 못했던 건 유비가 효정과 이릉에서 참패함으로써 원래 불만이 있던 자들이 꿈틀대기 시작한 것이었다. 요컨대 "유비가 나라를 세우기는 했지만 기초가 부실했던 탓에 이릉의 참패로 대지가 요동을 쳤다"[5]고 말할 수 있다.

183

---

5 『삼국지』「선주전」에 따르면 유비는 영안永安으로 패퇴한 뒤 11월에 병이 났고 12월에는 한가漢嘉태수 황원이 반기를 들었다(이듬해 3월에 진압되었다). 『삼국지』「제갈량전」에 따르면 유비가 죽은 뒤에는 남중 지역의 각 군이 전부 반기를 들었다. 그리고 청두 무후사박물관 연구원 뤄카이위羅開玉 선생의 통계에 따르면 건안 23년(218)부터 연희延熙 13년(250)까지 익주의 토호들이 무려 아홉 번 넘게 대규모 무장 반란을 일으켰다고 한다.

유비는 마음속 깊이 우려했다.

의심할 여지 없이 유비와 걱정을 함께하는 사람은 제갈량밖에 없었고 동시에 유비를 가장 불안하게 하는 사람도 제갈량이었다. 제갈량에게는 이상이 있었기 때문이다. 만약 그가 한 황실의 부흥을 위해 계란으로 바위를 깨는 위험도 무릅쓰고 위나라와 결전을 벌인다면 나라가 어떻게 되겠는가? 물론 제갈량은 신중한 사람이었다. 하지만 만일의 경우에는?

미리 대비하지 않을 수 없었다.

유비는 이때 놀랄 만한 정치적 지혜를 발휘했다.

효정에서 패하고 4개월 뒤, 건위健爲태수 이엄이 상서령에 임명되었다. 그리고 6개월 뒤, 유비는 아들을 제갈량에게 맡기는 동시에 이엄을 그 조력자로 지정했다. 이엄은 원래 유표의 부하였는데 조조가 남하할 때 유장에게 몸을 의탁했고 유비가 촉에 들어왔을 때 다시 유비에게 투항했다. 따라서 이엄은 동주 집단에 속하는 동시에 형주 집단과도 아주 가까운 인물이었으니, 이 인사 조치는 대단히 면밀한 계산 아래 취해진 것이 분명했다.

이어서 제갈량과의 대화가 마련되었다.

유비가 먼저 입을 열었다.

"선생의 재능은 조비보다 열 배는 나으니 분명 나라를 잘 다스려 대업을 이룰 수 있을 것이오. 그러니 선생이 일들을 잘 참작해 처리해 **184**

주시오. 그리고 유선이 그런 대로 괜찮은 것 같으면 그 애를 보좌해 주시오. 만약 그 아이가 그릇이 못 되면 선생이 좋을 대로 해도 무방하오."

그렇다. 원문을 봐도 "만약 그가 재능이 없으면 그대는 스스로 취할 수 있소_{如其不才, 君可自取}"다.

이 말은 무슨 뜻일까?

"그대는 스스로 취할 수 있소"라는 말은 보통 제갈량에게 유선 대신 황제가 될 수 있는 권한을 부여한 것으로 해석된다. 하지만 제갈량이 유비의 다른 아들 중에서 따로 한 명을 고르게 한 것으로 해석하는 사람도 있다. 즉, 제갈량에게 황제를 폐하고 세우는 권한을 부여했다는 것이다.

이 두 가지 해석은 다 일리가 있다.[6]

하지만 대신 황제가 되든 황제를 폐하고 세우는 권한이 있든 모두 예삿일은 아니었다. 그래서 유비는 이 말을 먼저 이엄에게 들려주었었다. 어쨌든 유비의 노선은 매우 분명했다.

"촉한 정권은 나의 것이자 선생의 것이오. 내가 죽은 뒤에는 선생의 것이오. 명의상 누구의 것이든 말이오. 사정이 이러하니 선생이 일시적인 충동으로 촉한을 잃을 리가 없다고 믿어도 되겠소?"

제갈량은 당연히 유비의 뜻을 전부 이해했다. 그는 땅 위에 엎드려 **185** 눈물을 철철 흘리며 말했다.

---

6 이 말의 해석은 학계에서 이론이 분분하다. 졸저, 『삼국지 강의』 참고.

"소신은 반드시 온 힘을 기울여 황제를 보좌하겠습니다. 제 목숨이 다할 때까지 나라를 위해 헌신하겠습니다."[7]

정치란 바로 이런 것이다.

이제 유비는 안심하고 죽을 수 있었다. 제갈량은 틀림없이 촉한 정권을 지키는 데 전력을 기울일 것이고 만일의 경우는 절대 있을 리가 없었다. 권력을 넘겨받고 제갈량이 어떤 행보를 걸을지는 유비가 신경 쓸 일이 아니었다.

7 『삼국지』 「제갈량전」 참고.

제갈량의 집권

제갈량은 근심에 휩싸여 있었다.[8]

그럴 만도 했다. 사실상 그 전까지 2선과 후방에서만 일한 탓에 그는 그리 널리 알려진 인물이 아니었다. 거의 모든 사람이 촉한 정권은 단지 유비의 것이라고만 알고 있었다. 그래서 유비가 죽자마자 남중南中(지금의 윈난雲南, 구이저우貴州와 쓰촨의 시창西昌 일대)이 반기를 들었고 위나라는 제갈량 앞으로 투항을 권하는 서신을 보냈다.[9]

하지만 그들은 다 공명 선생을 과소평가했다.

사방이 다 적인데도 제갈량은 놀랄 만큼 머리가 맑았다. 그는 가장 시급한 일이 촉한 정권의 부담을 줄이는 것이며 그것을 위한 가장 효과적인 조치는 문제를 근본적으로 해결하고 적을 친구로 만드는 것임을 잘 알고 있었다. 그래서 그는 유비의 이릉대전 참패를 복수하기 위해 군사를 일으키기는커녕 거꾸로 손권에게 화해의 손을 내밀었다.[10]

187

---

8 제갈량은 나중에 당시의 심정을 "선제의 명을 받은 이래 소신은 조석으로 근심하며 혹시나 부탁하신 바를 못 이뤄 선제의 밝은 뜻에 누를 끼칠까 두려워했습니다"라고 술회했다. 「출사표」참고.

9 『삼국지』「제갈량전」배송지주의 『위략』 인용문을 보면, "다들 촉에 오로지 유비만 있다고 여겨" 제갈량이 어떤 사람인지 몰랐다고 한다. 「제갈량전」에는 "남중의 지역들이 다 반란을 일으켰다"라고 나오며 『제갈량집』에는 유비가 죽은 뒤, 위나라의 사도 화흠華歆, 사공 왕랑王朗, 상서령 진군陳群, 태사령 허지許芝가 연이어 제갈량에게 투항을 권유하는 편지를 보냈다고 나온다.

10 아래는 별도의 주석 없이 『삼국지』「제갈량전」참고.

손권은 더 영민한 사람이었다. 그는 한편으로는 계속 조비와 왕래하면서 다른 한편으로 즉시 제갈량과 화해의 악수를 했다. 이로 인해 두 나라는 생존과 발전의 공간을 확보했다. 그때부터 오나라와 촉나라 사이에는 두 번 다시 전쟁이 일어나지 않았다. 그 덕분에 손권은 부국강병을 계속 추진할 수 있었고 제갈량은 여유 있게 촉나라를 통치할 수 있었다.

유선은 충실히 유비의 유촉을 실행했다. 제위를 잇자마자 제갈량을 무향후武鄉侯로 봉하여 관서를 조직해 일을 처리하게 하고 따로 익주목을 제수했다. 후로 봉해진 것은 지위의 존엄함을, 관서를 조직한 것은 권한의 무거움을(독립적인 재상권을 가졌다), 승상과 주목을 겸임한 것은 관리도 백성도 다스렸음을 뜻한다. 이것은 오직 조조만 누려본 정치적 대우였다.

이때부터 모든 정사는 크든 작든 제갈량이 다 결정했다.

그러면 그의 정책은 무엇이었을까?

공격으로 수비를 하고 법으로 나라를 다스리는 것이었다.

앞의 것은 위나라를 상대하기 위한 정책이었다. 오나라가 우방이 된 후로 위나라는 유일한 외적인 데다 화해가 불가능했다. 그래서 촉한 정권에게는 적극적으로 공격하거나 수동적으로 방어하거나, 이 두 가지 선택 사항만 존재했다.

제갈량은 전자를 택했다. 유비가 죽고 4년 뒤, 47세의 제갈량은

「출사표出師表」를 올리고 첫 번째 북벌을 개시했다. 그 후로 그런 전쟁이 네 번 더 있었는데 전체적으로 보면 소소한 승리가 있기도 했지만 얻은 것보다 잃은 것이 많았고 힘은 들었는데 공이 없었다. 마지막에는 그 자신이 병으로 군중에서 순직하기까지 했다.

하지만 그것은 이상한 일이 아니었다.

우선 위나라는 종이호랑이가 아니었다. 부패하거나 고루하지 않았고 촉한에 비해 국정이 뒤떨어지지도 않았다. 둘째, 익주는 땅이 비옥한 곳이기는 했지만 천하를 탈취할 근거지가 되기는 어려웠다. 마지막으로 셋째, 제갈량의 능력을 보면 나라를 다스리는 것이 가장 뛰어났고 군대를 다스리는 것이 그 다음이었으며 용병술이 제일 모자랐다. 이랬으니 어떻게 위나라와 싸워 이길 수 있었겠는가?[11]

위나라가 빨리 망할 나라가 아니고 익주가 진취적인 땅이 아니며 제갈량에게 장수의 지략이 모자라다는 것이 북벌의 성공을 불가능하게 했다. 그래서 위군의 총사령관 사마의는 자신만만하게 말했다.

"공명이 쳐들어오는 기세가 세차긴 하지만 머지않아 그를 멸할 것이다."[12]

적이 훤히 아는 것을 제갈량이 몰랐을 리 없다. 사실 과거에 그는 융중에서 매우 분명하게 얘기한 적이 있었다. 중원을 평정하고 한 황실을 부흥하려면 첫째, 천하에 변화가 있고 둘째, 두 곳에서 군대를 일으켜야 한다고 말이다. 하지만 지금은 천하에 변화가 없고 형주도

189

---

11 위나라와 촉한, 이 양국의 국정을 살피려면 그들의 화폐를 보면 된다. 위나라의 동전은 질이 좋고 무게가 넉넉했지만 촉한은 그야말로 열악했다. 톈위칭 선생은 『융중대』의 재인식에서 "역사는 유비가 도망치며 목숨을 구걸하는 역할을 맡게 했으며 제갈량에게는 나라가 작고 백성이 적은 나라를 정치 무대로 제공했다"고 했다. 그래서 "유비는 삼협을 나와 전군이 몰살당했고 제갈량은 북벌을 하면서 해가 거듭돼도 성과가 없었다"는 것이다. 따로 『진서晉書』「선제기宣帝紀」를 보면 사마의가 제갈량에 대해 "제갈량은 뜻은 크지만 기회를 보지 못하고 계책은 많지만 결단하는 것이 적으며 용병술은 능하지만 권한이 없다"라고 평가한 부분이 나온다. 자세한 내용은 졸저, 『삼국지 강의』 참고.

12 『진서』「선제기」 참고.

이미 잃은 상태였다. 결코 크게 군사를 일으켜 위나라를 뒤엎을 수 있는 때가 아니었다.

그렇다면 그는 왜 계속 북벌을 고집했을까?

정치적 이상 외에도 현실적인 문제가 있었다. 이 점을 제갈량은 「출사표」에서 대단히 분명하게 이야기한다.

선제께옵서는 창업을 반도 못 이룬 채 중도에 붕어하셨습니다. 이제 천하는 삼분되고 익주는 피폐하니 참으로 나라의 존망이 달린 시기입니다.

북벌의 원인은 익주가 피폐했기 때문이었음을 알 수 있다.

이른바 피폐하다는 것은 사실 약한 것을 뜻한다. 그런데 약하면 약할수록 강해지려 분발해야 한다. 약함을 강함으로 삼아야 자신을 보전할 수 있기 때문이다. 만약 적극적으로 공세를 취하지 않으면 앉아서 죽기를 기다릴 수밖에 없다. 그래서 유비는 한중을 공격해야 했고 관우는 양번을 포위해야 했으며 제갈량도 기산祁山으로 출병해야 했다. 이것은 그들의 일관된 방침이었다.[13]

문제는 촉한이 약하기는 해도 당장 위태롭지는 않다는 것이었다. 위나라는 먼저 공격해오지 않았고 오나라와는 이미 동맹 관계가 회복되었으며 남중의 각 지역도 2년 전에 기본적으로 평정되어 적어도

13 「화양국지華陽國志」「유후주전劉後主傳」과 왕부지, 「독통감론」 참고.

시끄러운 다툼은 없었다. 그렇다면 북벌 전의 촉한 정권은 어째서 '나라의 존망이 달린 시기'에 처해 있었을까?

원인이 외환에 있지 않다면 내우에 있을 수밖에 없다.

내우는 확실히 존재했다. 형주, 동주, 익주 이 3대 세력의 모순은 근본적인 이익을 둘러싼 장기적인 충돌이어서 절대로 단기간에 해소가 불가능했다. 제갈량이 아무리 인품이 훌륭하고 능력이 출중해도 어쩔 수 없었다.

실제로 촉한이 망한 원인 중 하나는 바로 익주 집단의 분탕질과 자멸 행위였다. 그런데 그 내우는 당시에는 아직 표면화되지 않아서 감히 분명하게 얘기할 수 없었다. 「출사표」에서도 단지 함축적으로만 언급되었을 뿐이다.

주요 정치적 방침은 명확했다. 끊임없이 위나라를 북벌하여 나라를 계속 전쟁 상태에 처하게 함으로써 외전으로 내전을 막는 것이었다. 주의를 돌리든, 응집력을 높이든 전쟁은 가장 효과적인 수단이었다. 반대파를 응징하거나 진압할 때는 더욱더 편리했다.

그것은 공격을 수비로 삼는 또 다른 방침으로서 일석이조의 효과가 있었다.

그렇다. 작은 나라일수록 더 강대함을 추구해야 하고 내부를 안정시키려면 반드시 외부와 싸워야 한다.

191 그런데 공격을 수비로 삼든, 외전으로 내전을 막든 절묘한 수는 위

험한 수이기도 해서 조심스레 써야만 했다. 싸움을 작게 벌이면 효과가 없고 크게 벌이면 적이 병력을 총동원하고 내부의 적이 호응해 멸망을 자초할 수도 있었다.

이것은 제갈량의 지혜에 대한 일종의 시험이었다.

하지만 제갈량은 태산처럼 굳건하고 신중했다. 심지어 그는 위연의 '자오곡子午谷 기책'까지 거절했다. 유비가 가장 마음에 들어했던 그 장수는 제의하길, 자기는 정병 5000명을 데리고 자오곡을 따라 장안으로 쳐들어갈 테니 제갈량은 대군을 이끌고 사곡斜谷을 뚫고 나아가 진창陳倉을 공격하라고 했다. 그래서 장안을 손에 넣고 양쪽이 합치면 함양咸陽 서쪽 지역을 일거에 평정할 수 있다는 것이었다.

그것은 실로 기책이라 할 만했지만 아쉽게도 변수가 너무 컸다. 먼 길을 가서 습격하는 것이라 상황을 예측하기 어려웠으므로 반드시 신중에 신중을 기해야 했다. 그리고 더 중요한 것은, 위나라를 북벌하는 것은 수단일 뿐이고 촉한을 보전하는 것이야말로 목적이라는 사실이었다.

다시 말해 '한 황실 부흥'의 기치를 높이 들고 "한나라의 역적과는 양립할 수 없다"는 원칙을 견지하면서 계속 북벌을 추진해야 하기는 했지만, 절대로 관우의 형주 상실이나 유비의 효정에서의 패배 같은 일이 재발해서는 안 되었다.

그래서 제갈량은 위연의 계책을 받아들이는 것이 불가능했다. **192**

또 그래서 그는 마속馬謖을 죽이고 이엄을 파면해야 했다.

제갈량의 측근이자 벗이었던 마속은 가정街亭을 잃은 것 때문에 사형을 당했지만 그를 위해 통곡한 사람이 십만 명이 넘었다고 한다. 제갈량은 눈물을 흘리며 해명했다.

"천하가 무너져 갈라지고 전쟁이 끝도 없는데 법을 엄격히 집행하지 않으면 우리가 어떻게 적을 이기겠느냐?"[14]

확실히 제갈량이 눈물을 흩뿌리며 마속의 목을 벤 것은 법에 따라 촉을 다스리기 위해서였다. 그래서 한중에서 철수한 뒤, 마속과 장휴張休와 이성李盛이 목숨을 잃고 조운이 강등되었으며 황습黃襲은 병권을 빼앗겼고 제갈량 자신도 우장군으로 떨어져서 1년 전 전장군으로 승진한 이엄보다 지위가 낮아졌다.

의심할 여지 없이 그것은 모두에게 보여주기 위한 조치였다. 하지만 주요 관중은 동주 집단과 익주 집단이었다. 제갈량은 그 두 집단의 욕망을 완전히 만족시켜줄 수는 없음을 잘 알고 있었다. 형주 집단이 정권을 넘겨주는 것을 제외하고 말이다.

물론 그것은 불가능한 일이었다.

이익으로 꾈 수도, 정과 이치와 의리로 마음을 움직일 수도 없으니 법으로 옭아맬 수밖에 없었다. 더군다나 엄정하게 법을 집행해야만 사람들은 말로도 마음으로도 복종했다. 제갈량은 이렇게 반대파를 상대했으며 이엄 같은 중량급 인물에게는 더욱 그랬다.

193

---

14 『삼국지』 「마량전馬良傳」과 배송지주의 『양양기』 인용문 참고. 마속의 최후에 관한 『삼국지』의 기록은 일치하지 않는다. 「제갈량전」에서는 "마속을 죽여 사람들에게 사과했다"라고 나오고 「왕평전王平傳」에서는 "승상 제갈량이 이미 마속을 죽였다"라고 나오며 「마량전」에서는 "제갈량이 나아가서 점거하지 못하고 군대를 철수해 한중으로 돌아왔는데, 마속이 옥에 갇혀 사망해서 제갈량은 눈물을 흘렸다"라고 나오고, 「향랑전向朗傳」에서는 "마속이 도망을 쳤는데 향랑이 그 일을 알고도 말하지 않아서 제갈량은 그를 탓하고 관직을 빼앗아 성도로 돌려보냈다"라고 나온다. 자세한 내용은 졸저, 『삼국지 강의』 참고.

마속이 죽고 3년 뒤에 제갈량, 위연, 양의楊儀, 등지鄧芝, 비위費褘, 강유姜維 등 20여 명의 연명에 의한 탄핵으로, 촉한 정권의 2인자 이엄은 평민으로 강등되어 재동梓潼(지금의 쓰촨성 쯔퉁)으로 유배를 갔다. 이 사건의 내막은 매우 불분명하며 이엄의 죄명도 믿기 어렵다. 하지만 그가 정권의 안정을 해친 것은 사실인 듯하다.[15]

집권자의 지위는 분명히 흔들림이 없었다. 법 앞에서의 평등도 분명히 지켜졌다.

이것이 바로 촉한에서의 제갈량의 통치였다. 11년간 그는 동쪽으로는 오나라와 평화를 유지했고 남쪽으로는 이월을 평정했으며 북쪽으로는 위나라를 정벌했다. 또한 안으로는 법제를 정비하고 유비의 정치 노선과 조직 노선을 고수하면서 「융중대」에서 밝힌 기존 방침을 추진했다.

그러면 촉한 정권은 지켜졌을까?

그렇지 않았다.

---

15 이엄이 폐출된 일은 『삼국지』 「이엄전」과 배송지주의 탄핵 상소 인용 부분에 나온다. 이엄이 폐출된 원인은 톈위칭의 『독사사제讀史四題』와 졸저, 『삼국지 강의』 참고.

촉한의 멸망

제갈량이 죽고 29년 뒤, 촉한은 망했다.

　망국의 직접적인 원인은 물론 위나라의 공격이었다. 하지만 위군 자신들조차 8월에 낙양을 떠나 10월에 성도의 대문인 구락현口雒縣까지 쳐들어갈 수 있을 줄은 생각지도 못했을 것이다. 그때까지 아무것도 몰랐던 유선은 꿈에서 막 깨어난 듯 부랴부랴 동오로 도망칠 채비를 했다.

　그런데 광록대부光祿大夫 초주譙周가 투항을 주장했다.[16]

　초주는 어전회의에서 장편의 논설을 발표했다. 만약 그 발언을 대화체로 바꾼다면 그 사유의 분명함과 논리의 엄밀함을 어렵지 않게 확인할 수 있을 것이다.

　"옛날부터 지금까지 남의 울타리 아래에서도 계속 천자 노릇을 한 이가

---

16 아래의 초주 관련 내용은 따로 주석 없이 『삼국지』 「초주전」 참고.

있습니까?"

"없네."

"폐하가 동오에 가시면 신하가 될 수밖에 없지 않을까요?"

"그렇겠지."

"똑같이 신하가 될 것이면 왜 대국을 안 고르고 소국을 골라야 하지요?"

"……"

"정치 투쟁의 결과는 대국이 소국을 병탄하는 겁니까, 소국이 대국을 병탄하는 겁니까?"

"당연히 대국이 소국을 병탄하는 것이지."

"그러면 위나라가 오나라를 병탄하는 것이 맞겠군요."

"당연히 그렇지."

"오나라가 위나라를 병탄할 수 없다면 투항할 수밖에 없겠군요. 그때 우리는 오나라를 따라 또다시 투항해야만 하나요?"

"아마 그래야겠지."

"그러면 두 번 치욕을 당하는 게 한 번 치욕을 당하는 것보다 낫습니까?"[17]

유선과 다른 신하들은 할 말이 없었다. 그들에게는 단지 한 가지 문제만 남아 있었다. 위나라는 과연 우리 투항을 받아줄까?

196

17 초주의 투항론은 글이 거침없고 일관성이 있다. 여기서는 이해를 돕기 위해 대화체로 바꿨다.

초주는 감히 단언하여 말했다.

"지금 동오가 아직 굴복하지 않은 상태에서 위나라는 틀림없이 투항을 받을 것이고 또 받아야만 하며 나아가 우리를 예우해야만 합니다. 만약 폐하께 봉토와 작위를 주지 않는다면 소신은 도읍으로 가서 이치를 따지겠습니다."

그래서 유선은 문을 열고 투항했으며 위나라는 과연 그를 깍듯이 대접했다. 유선은 안락현공安樂縣公에 봉해져 식읍 만 호를 받았고 초주 역시 열후에 봉해졌다. 물론 그는 역사에서 매국노라는 죄명을 짊어져야만 했다.

그러면 초주는 어떤 사람이었고 왜 매국노가 되려 했을까?

촉한 정권을 증오했기 때문이다.

고금의 학문에 다 밝았던 초주는 원래 안빈낙도하는 선비였다. 몸이 우람하고 용모가 변변치 않았던 그는 성격이 솔직하고 소탈하여 입바른 소리를 잘하고 자잘한 형식에 구애받지 않았다. 그래서 처음 그를 만나는 사람은 다 웃음을 금치 못했는데 제갈량조차 예외가 아니었다.[18]

초주는 제갈량의 열렬한 지지자였다. 제갈량이 오장원五丈原에서 병사하자 제일 먼저 전선으로 조문을 하러 달려간 사람이 그였다. 더구나 당시 유선이 즉시 출입금지령을 내렸던 탓에 성도에서 조문을 하러 나갈 수 있었던 사람도 그가 유일했다.

---

18 『삼국지』「초주전」 배송지주의 『촉기蜀記』 인용문 참고.

그런데 초주는 제갈량을 존경하면서도 정치적으로는 촉한 정권에 반대했다. 같은 입장을 취했던 인물로는 광한廣漢 사람 팽양彭羕, 촉군蜀郡 사람 장유張裕, 재동의 부현涪縣 사람 두미杜微, 파서巴西의 낭중閬中 주서周舒, 촉군의 성도 사람 두경杜瓊, 여기에 파서의 서충西充 사람 초주가 있었다. 이들은 하나같이 익주 출신이었다.

그들은 조씨와 친하고 유씨에 반대한 익주의 사족연맹이었다. 그중에서 장유는 유비에게 살해됐고 팽양은 제갈량에게 살해됐으며 두미는 협력을 거부했다. 주서, 두경, 초주는 위나라가 반드시 촉한을 멸할 것이라는 주장을 퍼뜨리고 다녔다.

가장 먼저 그런 주장을 퍼뜨린 사람은 주서와 두경이었으며 나중에 그 주장의 대표자가 된 이가 초주였다. 그는 사람들에게 이런 말까지 했다.

"유비의 '비備'가 무슨 뜻인지 압니까? 충분하다는 뜻입니다. 유선의 '선禪'은 무슨 뜻인지 압니까? 양보한다는 뜻입니다. 그런데 위나라를 다스리는 조씨의 '조曹'는 무슨 뜻인지 압니까? 크고 많다는 뜻입니다."

그는 이어서 말했다.

"크고 많은 쪽으로 천하의 마음이 기울게 돼 있습니다. 이미 충분하고 양보할 준비가 돼 있는 쪽에 무슨 전망과 여지가 있겠습니까?"

초주의 이 참언讖言(길흉을 예언하는 말)은 유선의 궁궐 기둥에 쓰였다. **198**

그는 또 「구국론仇國論」이라는 반전 선언문을 써서 위나라를 북벌하는 것에 대한 불만을 표명하고 계속 전쟁을 일삼으면 멸망을 자초할 것이라고 했다.

그것은 촉한 당국을 향한 익주 집단의 노골적인 도전이었지만 초주는 아무 처분도 받지 않았다. 그리고 훗날 유선이 투항하자, 사람들은 초주의 참언이 정확히 들어맞았다고 공인했다.

사실 그것은 신기한 일이 아니었다. 당시 수많은 사람이 위나라의 승리와 촉한의 멸망을 고대했기 때문이다. 위나라의 대군이 성 밑에 들이닥치기도 전에 이미 촉한 왕조는 뿌리째 흔들리고 있었다고 말할 수 있다. 초주의 투항 권유와 유선의 투항은 그저 정해진 수속을 밟은 것에 불과했다.

유선이 투항하기 몇 년 전에 오나라에 사신으로 파견된 설후薛珝는 오나라 황제 손휴孫休에게 촉한은 분명히 망할 것이라고 단언했다. 나중에 위나라가 출병했을 때는 장체張悌라는 오나라인도 똑같은 예측을 했다. 이와 관련해 그들이 내세운 이유는 똑같았다. 당국이 전쟁을 일삼아 백성이 고통에 신음하는데 조정에는 정의로운 목소리가 없으니 이런 나라가 망하지 않을 도리가 있느냐는 것이었다.[19]

이를 뒷받침하는 자료도 존재한다. 유선이 투항할 때 촉한에는 28만 가구에 94만 명의 인구가 있었다. 그런데 군대는 10만 명, 관리는 4만 명이었다. 다시 말해 9명이 병사 한 명을 먹여 살리고 7가구가

199

---

19 『삼국지』 「설종전薛綜傳」 배송지주의 『한진춘추』 인용문과 『삼국지』 「손호전孫皓傳」 배송지주의 『양양기』 인용문 그리고 『자치통감』 제78권 참고.

관리 한 명을 받들고 있었으니 촉한의 백성들은 정말 부담이 만만치 않았다![20]

물론 제갈량이 극기봉공克己奉公을 몸소 실천하여 촉한의 관리들은 대체로 청렴한 편이었지만 안타깝게도 백성은 배불리 먹는 데에 더 관심이 많았다. 공명 선생과 함께 허리띠를 졸라매는 것은 그들이 원하는 삶이 아니었다.

익주의 사족과 세력가들은 더 이를 갈았다. 제갈량은 서민들의 부담을 가중시키지 않고 공정하고 공평한 방법으로 군비를 충당하려 했다. 자연스럽게 그들이 가장 많은 돈과 인력을 내야 했으니 원한이 안 생길 리가 없었다.

더구나 그들은 희생만 하고 보답을 얻지 못했다. 유비가 믿고 중용한 이들 중에는 기본적으로 익주 출신이 없었으며 집권 후 제갈량이 공정성을 기하려 애쓰기는 했지만 기존의 조직 노선을 바꾸는 것은 불가능했다. "형주가 첫 번째, 동주가 두 번째, 익주가 세 번째"라는 원칙도 제갈량이 고수한 것이었다.[21]

익주 집단은 주변부화될 수밖에 없었다.

의무와 권리는 대등해야 한다. 공로는 가장 큰데 이익은 가장 작았다면 익주 사람들이 뭐하러 촉한 정권과 생사고락을 함께했겠는가?

법치를 행한 것도 문제가 있었다. 익주의 사족과 세력가들에게는 입법권이 없었다. 많은 법률이 그들을 상대하고 응징하는 데에 전문 **200**

---

20 『삼국지』 「후주전」 배송지주의 『촉기』 인용문 참고.
21 관우, 장비, 마초, 황충, 조운 외에 유비와 제갈량이 신임하고 중용한 사람으로는 형주 양양 사람인 방통, 부풍扶風 미현郿縣 사람인 법정, 여남汝南 평여平輿 사람인 허정, 형주 남양 사람인 이엄, 동해東海 구현朐縣 사람인 미축糜竺, 남군 지강枝江 사람인 동화董和, 형주 의양義陽 사람인 위연, 형주 양양 사람인 양의, 양양 의성宜城 사람인 마속, 영릉 상향湘鄉 사람인 장완蔣琬, 강하 맹현鄳縣 사람인 비위, 천수天水 기현冀縣 사람인 강유가 있다. 이들 중에는 형주 집단도 있고 동주 집단도 있지만 익주인은 한 명도 없다. 익주 토박이 중에 신임을 받은 이는 건위 남안南安 사람인 비시費詩, 파서 낭중 사람인 황권, 파서 탕거宕渠 사람인 왕평王平밖에 없다. 하지만 왕평은 처

적으로 쓰였다. 더구나 법 집행도 늘 공평하지는 않았다. 제갈량조차 익주의 호족 상방常房의 자식들을 억울하게 죽였으니 직권 남용의 예가 꽤 많았을 것이다.[22]

결국 익주의 사족은 정치적으로 배제되고, 경제적으로 수탈을 당하고, 법률적으로 제재를 받았다. 당연히 벼슬아치가 될 희망도 없었다. 그들이 유일하게 할 수 있는 일은 위나라의 대군이 하루속히 남하해 자신들을 해방시켜주길 기도하는 것뿐이었다.

이익이 익주 사족의 전체적인 방향을 결정지었다.

같은 사족이자 세력가로서 위나라의 정권을 잡고 있던 사마소司馬昭는 훗날 익주의 그 계급적 동지들을 결코 홀대하지 않았다. 유선의 휘하에서 형주 집단과 동주 집단에 속해 있던 관리들을 전부 중원으로 불러들이는 한편, 익주의 지방관은 현지 출신 사인들이 맡게 하면서 그들은 또 현지의 명사들로 이뤄진 중정관中正官들이 책임지고 추천하게 했다.

"촉인이 촉을 다스린다"는 익주 토박이들의 바람은 이렇게 실현되었다.

자발적으로 투항한 유선은 낙양에 정착했고 미친 척, 바보인 척하면서 서진西晉의 태시泰始 7년(271)까지 생존했다. 그때는 위나라도 이미 망하고 황제도 사마염司馬炎이었다.

201 유선은 위나라가 멸망한 시점보다 늦게 죽은 것이다.

음에 신임을 못 받았고 황권은 나중에 신임을 못 받았으며 비시는 중간에 문제가 생겼다. 또한 제갈량이 발탁하고 신임한 익주인으로는 건위 무양武陽 사람인 양홍楊洪, 양홍의 문하생인 하지何祇, 촉군 성도 사람인 장예張裔가 있다. 하지만 제갈량은 유비가 이미 정한, "형주가 첫 번째, 동주가 두 번째, 익주가 세 번째"라는 조직 노선을 바꿀 수가 없었다.

22 익주 호족 상방의 자식들을 억울하게 죽인 사건은 『삼국지』「후주전」 배송지주의 『위씨춘추』 인용문에 나오는데, 배송지는 "무고한 사람을 망령되이 죽였다"고 생각했다. 따로 뤄카이위, 「성도 무후 사당의 '공심련' 재연구成都武侯祠'攻心聯'再研究」 참고.

나라를 지키려다 죽은 사람은 제갈량의 아들 제갈첨諸葛瞻이었다. 그는 투항하라는 위나라의 권유를 거절하고 37세의 나이로 전사했다. 굴욕을 거부하고 순국한 사람으로는 유선의 다섯째 아들 유심劉諶이 있다. 그는 부친이 투항을 결정하자, 유비의 사당으로 달려가 통곡을 한 뒤에 가족을 몰살하고 스스로 목숨을 끊었다.[23]

촉한은 망했고 성도의 무후 사당에만 매년 사람들이 들러 추모를 하는데 조번趙藩이 쓴 그곳의 대련對聯이 인구에 회자되었다.

마음을 공략하면 반대파는 저절로 사라지니
예로부터 병법을 아는 이는 전쟁을 좋아하지 않았다
대세를 살피지 못하면 관대하든 엄격하든 다 잘못이니
훗날 촉을 다스리려면 이를 깊이 생각해야 한다
能攻心則反側自消, 從古知兵非好戰
不審勢卽寬嚴皆誤, 後來治蜀要深思.[24]

이 모든 것을 제갈량은 미리 다 생각했을까?

---

23 위의 내용은 『삼국지』 「후주전」과 배송지주의 『한진춘추』 인용문 참고.
24 이 대련에 관해서는 졸고, 「무후의 촉 통치와 '공심련'」 참고. 이 논문은 이미 『이중톈 제국을 말하다』(에버리치홀딩스, 2008)에 수록되었다.

동오의 길

제갈량이 생각지 못한 것을 손권은 생각해냈다.

손권이 세운 동오 정권은 삼국 가운데 가장 늦게 망했다. 촉나라는 263년에, 위나라는 265년에 망했는데 동오는 280년에 망했으니 위나라보다는 15년, 촉나라보다는 17년 늦은 셈이다.

오와 촉의 마지막 군주는 반응이 사뭇 달랐다.

유선이 투항하고 낙양에 왔을 때, 사마소는 연회를 열어 그를 초대하고 중간에 특별히 촉나라의 악무樂舞를 공연하게 했다. 망한 촉나라의 무희가 위나라의 궁에 와서 춤을 추니 그보다 처량한 일이 없었지만 유선은 아무렇지도 않게 웃기만 했다. 이에 사마소는 부하에게 말했다.

"사람이 저 정도로 간도 쓸개도 없을 수가 있나!"

또 하루는 사마소가 유선에게 물었다.

"당신은 촉나라가 그립나요?"

유선은 고개를 흔들었다.

"요사이는 즐거워서 촉나라가 생각나지 않습니다."

너무나 한심한 대답이라 사마소는 오히려 의심이 생겼다.

그래서 며칠 뒤 사마소는 또 한 번 같은 질문을 했다.

이번에 유선은 "즐거워서 촉나라가 생각나지 않는다"는 말은 하지 않았다. 대신 오래된 부하인 극정郤正이 가르쳐준 대로 단정히 앉아 눈물을 흘리면서 답했다.

"선조의 묘소가 그곳에 있어서 비통한 마음에 하루도 그리워하지 않는 날이 없습니다."

말을 마치고 그는 눈을 질끈 감았다.

그런데 극정이 유선에게 조언한 말을 사마소는 이미 심복에게 전해 들어 알고 있었다.

"어째서 극정이 가르쳐준 말과 똑같습니까?"

이에 유선은 번쩍 눈을 뜨고 말했다.

"맞습니다. 바로 그가 가르쳐준 말입니다!"

결국 그 자리에 있던 사람들 모두가 껄껄 웃었다.[25]

당연히 사마소는 더 이상 유선을 경계하지 않았다.

하지만 진晉나라에 투항한 동오의 마지막 황제 손호는 쉽게 고분고분해지지 않았다. 그가 낙양에 도착해 진 무제 사마염을 알현하러　**204**

---

25 『삼국지』「후주전」과 배송지주의 『한진춘추』 인용문 참고.

갔을 때, 사마염은 자신의 옥좌를 가리키며 그에게 말했다.

"짐은 이 자리를 마련하고 귀하를 기다린 지 이미 오래되었소."

뜻밖에도 손호는 이 말을 정면으로 받아쳤다.

"소신도 남방에서 그 자리를 마련해 폐하를 기다렸습니다!"[26]

하지만 이 일화가 다른 뭔가를 설명해주지는 못한다. 유선은 아마도 평범한 사람이었지만(사실 꼭 그랬다고는 할 수 없다) 손호는 폭군이었다. 그의 공포 정치로 인해 오나라인은 늘 불안에 떨어야 했다. 그가 사마염에게 한 말은 기개의 표현이라기보다는 경박한 말장난에 불과했다. 그는 그런 말을 하는 것이 습관이 돼 있었다.[27]

손권의 통치 능력은 제갈량보다 못했다. 그의 생전에 자식들이 황위를 놓고 난리를 치는 바람에 나라가 쪼개질 뻔하기도 했다. 결국 태자 손화孫和가 폐출되고 노왕魯王 손패孫覇가 사약을 받았으며 무수한 중신들이 강등되고, 체포되고, 살해되고, 매를 맞았다. 승상 육손은 화병이 나 죽고 말았다.[28]

손권이 죽고 나서는 더 난장판이 됐다. 2대 황제 손량孫亮은 손권의 일곱째 아들로서 황위를 이을 때 겨우 열 살이었고 열여섯 살에 권신에 의해 폐위되어 나중에 3대 황제의 핍박으로 자살하거나 독살을 당했다.

3대 황제 손휴孫休는 2대 황제 손량의 형이었다. 이 사람은 그래도 정상적으로 죽긴 했지만 그때 나이가 겨우 서른 살이었다. 게다가 남

---

26 『진서』「무제기」참고.

27 『삼국지』「손호전」참고.

28 『삼국지』「오주전」과 「육손전」참고.

동생 손량을 죽인 인과응보였는지 자신의 황후와 아들이 4대 황제에게 살해당했다.

그 4대 황제가 바로 망국의 군주 손호였다.

손호는 폐태자 손화의 아들이었으며 손화는 손휴의 형이었다. 다시 말해 손호가 죽인 사람은 자신의 숙모와 사촌동생이었다. 이밖에 그는 손권의 다섯째 아들이자 자신의 숙부인 손분孫奮도 죽였다. 손호의 아버지 손화는 손견의 동생 손정孫靜의 증손인 손준孫峻에게 살해당했다.

이것이 바로 동오 정권이었다. 아버지가 아들을 죽이고(손권이 손패를 죽였다), 형이 동생을 죽이고(손휴가 손량을 죽였다), 조카가 숙부를 죽이고(손호가 손분을 죽였다), 종실이 황족을 죽여서(손준이 손화를 죽였다) 그야말로 골육상잔의 비극을 연출했다.

그런데 이런 정권이 어떻게 맨 마지막에 망했을까?

원인은 역시 손권에게 있었다.

사실 손권이 후계자가 된 것은 예상 밖이었다. 당시 장소 등은 모두 손책이 권력을 셋째 손익孫翊에게 넘겨줄 것이라고 생각했다. 손익이 손책을 많이 닮았기 때문이다. 하지만 손책은 손권을 택했다. 그는 손권에게 이런 말을 했다.

"천하를 빼앗는 것은 네가 나만 못하지만 정치를 하고 강동을 보전하는 건 내가 너만 못하다."29

---

29 『삼국지』 「손익전」 배송지주의 『전략典略』 인용문과 『삼국지』 「손책전」 참고.

손책이 마음에 들어한 점은 손권이 자신과 닮지 않은 것이었다.

그런데도 손책은 마음을 놓지 못하고 손권을 장소에게 맡기며 말했다.

"만약 중모(손권)가 무거운 임무를 감당하지 못하면 선생이 강동을 이어받으시오!"[30]

원문을 보면 확실히 "그대는 스스로 취할 수 있소君便自取之"여서 유비가 제갈량에게 아들을 맡길 때 한 말과 똑같다.

물론 장소는 제갈량이 아니었고 손권도 유선이 아니었다. 하지만 손권과 유비의 우려는 일치했다. 두 사람 다 지방 세력을 경계했다.

유비가 건립한 촉한 왕조와 마찬가지로 손책이 건립한 것도 무력에 의한 외래 정권이었다. 손씨 가문은 원래 강동 사람이기는 했지만 사족이 아니라 서족이었다. 손견이 출세한 지역도 강동이 아니라 강서였고 그 자신은 원술의 부하였다. 그래서 손견의 옛 부하들을 데리고 강을 건너 돌아왔을 때 손책은 가는 곳마다 적의 어린 시선과 맞닥뜨렸다.[31]

강동은 손책이 자기네 사람이라고 결코 인정하지 않았다.

환영받지 못한 결과는 대학살이었다. 그 유혈 진압에 또 여기저기에서 반란이 일어났고 손책 자신도 원수에게 칼을 맞았다. 이 '어린 패왕'은 그제야 깨달았다. 정책과 기풍을 바꾸지 않으면 정권을 보전할 수 없다는 것을.[32]

---

30 『삼국지』「장소전」 배송지주의 『오력』 인용문 참고.
31 아래에 서술한 내용은 톈위칭의 「손오 건국의 길孫吳建國的道路」 참고. 자세한 내용은 졸저, 『삼국지 강의』 참고.
32 『삼국지』「오주전」 배송지주의 『부자』 인용문에서는 손책이 "명문 호족들을 주살하여 위세를 이웃 나라까지 떨쳤다"고 하고 「손소전孫韶傳」 배송지주의 『회계전록會稽典錄』 인용문에서는 손책이 "오회吳會(오군과 회계군)를 평정하고 그곳의 영웅호걸들을 주살했다"고 하며 「곽가전」에서는 손책이 "주살한 영웅호걸은 다 민심을 얻은 자들이었다"라고 한다. 이를 통해 손책이 어떤 사람들을 죽였는지 알 수 있다.

그래서 그는 손권을 택했다.

손권은 촉한과는 다른 길을 택했다.

사실상 촉한 내부에 세 가지 세력(형주 집단, 동주 집단, 익주 집단)이 있었던 것처럼 동오 정권에도 3대 계파, 즉 회사淮泗(회하 하류의 가장 큰 지류로서 지금의 산둥성 중부 지역을 가리킴) 장수, 북방 사인, 강동 사족이 있었다. 그중 회사 장수는 손견과 손책의 옛 부하였고 북방 사인은 강동으로 피란 온 북방의 사인이었다. 당연히 그들은 다 외지인이었다.[33]

손책은 정권을 건립하면서 그 외지인들의 힘을 빌렸다. 특히 장소와 주유의 도움이 컸다. 주유는 회사 장수들의 대표자이자 무신들의 우두머리였고 장소는 북방 사인의 대표자이자 문신들의 우두머리였다. 나중에도 이 무신과 문신은 손권을 보좌하여 강동을 보전하는 동시에 끊임없이 발전시켰다.

회사 장수와 북방 사인은 크나큰 공을 세웠다.

그러나 손권이 현상에 만족하고 안주했다면 동오는 뿌리 없이 흔들리는 정권이 되었을 것이고 나중에 촉한보다 나아지지 못했을 것이다. 다른 두 계파에 대한 강동 사족의 반감, 경계, 의심, 배척은 유장과 유비에 대한 익주 사족의 그것보다 더 심하면 심했지 못하지 않았기 때문이다.

더구나 회사 장수와 북방 사인이 칼과 붓을 쥐고 있기는 했지만 돈주머니는 강동 사족에게 있었다.

---

33 손견의 옛 부하로는 우북평군右北平郡 토은현土垠縣 사람인 정보, 영릉군 천릉현泉陵縣 사람인 황개, 요서군遼西郡 영지현令支縣 사람인 한당韓當이 있었다. 손책의 옛 부하로는 여강군廬江郡 서현舒縣 사람인 주유, 구강군九江郡 수춘현 사람인 장흠蔣欽, 구강군 하채현下蔡縣 사람인 주태周泰, 여강군 송자현松滋縣 사람인 진무陳武가 있었다. 그리고 북방 사인으로는 팽성국彭城國 사람인 장소, 낭야군琅邪郡 양도현陽都縣 사람인 제갈근, 임회군臨淮郡 회음현淮陰縣 사람인 보즐步騭, 광릉군廣陵郡 사람인 장굉張紘, 팽성국 사람인 엄준嚴畯, 북해국北海國 영릉현營陵縣 사람인 시의是儀가 있었다.

물론 민심과 여론과 풍향계도 그들에게 있었다.

따라서 손권도 유비와 제갈량처럼 자기 세력을 주인으로 만들어 군림하는 노선을 고수했다면 아마 촉한보다 더 일찍 망했을 것이다. 적벽대전 이후, 위나라가 줄곧 동오를 주적으로 간주하고 틈틈이 군대를 보내 토벌했던 것을 잊어서는 안 된다.

손권은 이 점을 명확히 알고 있었다. 스스로를 보전하고 구하며 또 스스로를 세우고 강하게 만들려면 강동 사족을 같은 편으로 만드는 방법밖에 없다는 것도 잘 알고 있었다. 그러려면 정권 내부의 구조를 조정하고 나아가 권력과 이익을 양보해야만 했다.

주도면밀한 손권은 정말로 그 일을 해냈다. 더군다나 그 일을 대단히 질서정연하게 진행했다. 예를 들어 가장 중요한 군사 지휘권을 회사 장수인 주유와 북방 사인 노숙 그리고 평민 이주자 출신인 여몽을 거쳐 결국 강동 사족 육손의 손에 넘어가게 했다. 그 후에 또 그는 행정권의 일부를 내놓고 고옹顧雍을 승상으로 임명했다.

육손과 고옹은 현지 사족의 대표자였다. 강동 4대 가문(우虞씨, 위魏씨, 고씨, 육씨)을 대표하는 동시에 오군吳郡 4대 가문(고씨, 육씨, 주周씨, 장張씨)도 대표했다. 육손과 고옹이 출세한 뒤, 뒤따라 관리가 된 4대 가문의 자제가 수천 명이 넘었다. 반면에 회사 장수와 북방 사인 그리고 그들의 자제는 점차 주변부로 밀려나거나 심지어 동오 정권에서 **209** 퇴출되었다.

이처럼 강동 사족은 동오 정권과 하나가 되어 이익 공동체를 형성했다. 동오 정권의 이익은 곧 강동 사족의 이익이었다. 따라서 자신들의 정치적 지위와 정치적 이익을 보호하기 위해서라도 강동 사족은 동오 정권을 지켜야만 했다.

손권은 성공적으로 정권의 현지화를 실현하여 동오인이 동오를 통치하게 만들었다. 이것이 동오가 촉한과 달랐던 점인 동시에 그들이 삼국 가운데 가장 통치를 못했는데도 가장 오래 지속된 원인 중 하나다.

그러면 동오는 왜 망한 것일까?

먼저 위나라를 살펴보기로 하자.

다른 길,
같은 결과

후한처럼 조씨의 위나라도 일찌감치 유명무실해졌다. 서기 249년 사마의가 쿠데타를 일으킨 뒤, 정권은 실질적으로 사마씨 가문의 것이 되었다. 16년 뒤, 사마염이 위 원제元帝를 압박해 제위를 선양하게 한 것은 단지 요식 행위에 불과했다.

쿠데타의 과정은 나중에 살펴볼 것이며(이중톈 중국사 11권 『위진풍도』 참고) 여기서는 근본 원인만 이야기하겠다.

원인을 이야기하려면 위나라의 건국까지 거슬러 올라가야 한다.

위나라의 건국은 한 걸음 한 걸음 모색되었다. 조조의 특징이 이상은 있되 청사진은 없는 것이기 때문이었다. 그의 이상은 사족이 아닌, 법가적 서족의 정권을 세우는 것이었다. 그래서 조조는 당연히 토벌, 암살을 비롯한 사족계급의 집단적 저항에 부딪혔다.[34]

211　　하지만 관도대전이 전체 국면을 바꿔놓았다. 사족계급을 대표하던

---

[34]　천인커陳寅恪 선생의 「최호崔浩와 구겸지寇謙之」에서 이를 '법가적 서족의 조위정권'이라고 불렀다.

원소가 종이호랑이였음이 판명되고 "천자를 받들어 조정에 불복하는 신하들을 호령한" 조조가 제국의 상징이 되었다. 그 결과, 사족과 조조는 모두 이러지도 저러지도 못하게 되었다. 사족은 조조를 무시한 채 따로 정권을 세울 수 없었고 조조도 사족을 무시한 채 천자를 받들 수 없었다. 그리고 황제라는 카드가 없으면 그들 모두 투쟁의 정당성을 확보하기 힘들었다.

한 헌제가 별 탈 없이 지낼 수 있었던 것은 바로 이 때문이었다.

다른 군벌보다 조조 곁에 사족과 명사가 많았던 것도 이상한 일이 아니었다. 조비가 한나라를 찬탈하기 전까지 조씨의 위나라와 한나라는 차이가 없었기 때문이다. 그래서 한 헌제가 허도로 갔어도 그것은 조조에게 의탁한 것과 같지 않았고 조조에게 의탁했어도 그것은 갈 데까지 간 것과 같지 않았으며 갈 데까지 갔어도 그것은 망한 것과 같지는 않았다.

다시 말해 조조와 사족은 똑같은 계산을 하고 있었다. 서로 상대방을 이용해 자신의 목적을 이루려 했다.

이때 그들이 각자 어떤 행보를 보였는지 살펴보기로 하자.

공개적으로 반기를 든 공융은 결국 조조에게 무참히 살해당했는데 죄명은 '불효'였다. 마음속에 이상을 품고 있던 순욱은 끝내 그 이상에 목숨을 바쳤는데 실제적인 이유는 조조가 위공이 되는 것을 반대했기 때문이다. 이 두 사람 중 전자는 조조를 반대하는 세력이었고

후자는 조조를 옹호하는 세력이었지만 슬프게도 똑같은 최후를 맞았다.[35]

공융과 순욱의 비극은 근본적으로 그들의 명사로서의 신분과 사족으로서의 입장 그리고 유가 사상에 의해 초래되었다. 후한 왕조는 유가의 도덕관으로 나라를 일으켰고 명문세가는 유학으로 입신양명했기 때문에 충성과 절개의 관념이 매우 공고했다. 따라서 왕조를 바꾸는 것은 가장 민감한 문제인 동시에 정치적 노선을 가르는 기준으로까지 작용했으니 그들로서는 다른 선택의 여지가 없었을 것이다.

간접적인 선택을 한 사람은 진군이었다.

진군은 노숙처럼 한 황실이 부흥할 수 없다고 생각했지만 사족계급의 미래는 창창하다고 굳게 믿었다. 그 성패의 관건은 위나라에 달려 있었다. 그래서 그는 조조의 건국을 반대하지 않았을 뿐만 아니라 오히려 적극적으로 권했다. 그런데 조조가 죽자마자 그는 조비에게 자신이 만든 '구품관인법九品官人法'을 제출했다.

구품관인법은 '구품중정제九品中正制'라고도 불린다. 직설적으로 말하면 사족이 관리가 될 수 있는 권한을 독점한 뒤, 사족 내부에서 문벌의 명망, 지위, 세력에 따라 관직을 분배하는 제도다. 따라서 이 법안이 통과되어 실행되면 후한은 망해도 사족은 승리하는 셈이었다.

이것이 바로 진군과 순욱의 차이였다. 순욱이 옹호한 것은 죽을 날이 가까운 후한 왕조였고 진군이 옹호한 것은 한창 부상 중인 사족계

---

35 공융에 대해서는 『후한서』 「공융전」 참고.

급이었다. 그래서 순욱은 실패하고 진군은 성공했으며 순욱은 고상하고 진군은 고명했다.

조비는 사족이 조씨에게 맞서는 이유가 한 왕조를 위해서인지, 아니면 관리의 특권을 위해서인지 고민했다. 그는 후자라고 생각했다. 그래서 진군의 건의를 받아들여 실시하라고 명을 내렸다. 얼마 후 그는 중원 사족의 선동과 옹호 아래 황제가 되었다.[36]

그것은 조비의 승리이면서 조조의 실패였고 조비의 희극이면서 조조의 비극이었다. '사족이 아닌, 법가적 서족의 정권'이 변질되었는데도 조씨의 위나라는 계속 존재할 의의와 가치가 있었을까?

그래서 조비의 위 왕조는 조조의 위나라가 아니었다. 조비가 한나라를 찬탈하는 데 성공한 날은 뒤집어보면 조씨의 위나라가 멸망을 얼마 안 남겨두었을 때였다. 사마씨 가문을 필두로 한 사족 집단이 비非사족 집단이 세운 위나라를 전복시킨 것은 사족계급을 위한 정권이 다시 면류관을 쓴 것에 불과했다. 이것이 바로 위나라의 길이자, 위나라가 멸망한 근본 원인이었다.

그러면 촉한과 동오는 어땠을까?

손권과 유비는 원래 나라를 세울 자격이 없었다. 그들은 조조가 직접 행동으로 긍정과 부정의 교훈을 가르쳐준 것에 감사해야 한다. 먼저 긍정적인 교훈은 사족이 그렇게 무시무시한 존재는 아니므로 사족이 아니어도 천하를 탈취할 수 있다는 것이었다. 또 부정적인 교훈

---

36 판원란范文瀾 선생은 "사족이 조조가 한나라를 찬탈하고 황제가 되는 것을 방해한 것은 한나라를 옹호해서였다기보다는 관리가 되는 특권과 교환하기 위해서였다"라고 지적했다.

은 사족의 세력이 너무 강력해서 이용만 할 수 있고 대항해서는 안 된다는 것이었다.

그래서 손권과 유비는 따로 길을 찾아야 했다.

손권은 추세에 순응했다.

손권의 길은 현지화 혹은 사족화였다. 이 방법으로 동오가 틈바구니에서 생존하고 위기 속에서 발전할 수 있게 만들었다. 그러나 현지화는 동오 정권의 기초를 탄탄히 다지기는 했지만 그 성질까지 바꿔버렸다. 전자는 손권이 바라던 것이었지만 후자는 그가 두려워하던 것이었다.

그래서 손권은 만년에 점점 내적으로 분열되고 괴팍해져 동오의 사족을 한층 더 의심했다. 심지어 멋대로 세도를 부리고 혹형을 일삼기까지 했다. 그 결과, 상하 간 소통이 단절되고 임금과 신하가 반목하며 억울한 옥살이가 빈발하여 오나라는 내부적으로 가장 불안한 국가가 되었다. 더욱이 동오의 사족은 중원의 사족과 싸워 이길 수 없었기 때문에 오나라는 결국 서진에 의해 망하고 말았다.

유비는 문제를 피해갔다.

유비의 방법은 존중하되 가까이하지는 않는 것이었다. 최대한 사족 계급과의 정면충돌을 피했다. 제갈량은 집권 후에 한층 더 법에 따라 나라를 다스리고 사람을 썼다. 그래서 그의 정부는 가장 정부다웠고 촉한도 삼국 중에서 가장 잘 다스려졌다.[37]

215

---

37 『삼국지』「선주전」에서는 촉에 입성한 후 유비가 단행한 인사 배치를 높이 평가한다. 동화, 황권, 이엄은 유장의 옛 부하였고 오일吳壹, 비관費觀은 유장의 인척이었으며 팽양은 유장에게 배척을 받은 바 있었고 유파는 그 자신이 꺼리는 사람이었다. 그런데도 "모두가 중요한 직위에서 능력을 다 발휘하게皆處之顯任, 盡其器能" 했다. 또 『삼국지』「장예전張裔傳」에서는 제갈량이 "상을 줄 때 먼 사람이라고 빠뜨리지 않았고 벌을 줄 때 가까운 사람이라고 봐주지 않았으며 작위를 줄 때 공이 없는 사람은 취하지 않았고 형을 내릴 때 권세가 있다고 빼주지 않았다賞不遺遠, 罰不阿近, 爵不可以無功取, 刑不可以貴勢免"라고 나와 있다.

하지만 유비와 제갈량에게도 풀 수 없는 매듭이 있었다.

우선 그들은 '현지화'가 불가능했다. 그랬기 때문에 촉한은 필연적으로 보수적이고 편협한, 안정 지향의 나라가 되었다. 모두가 현상에 안주하고 진취적인 생각을 안 하는데 어떻게 중원을 침공하고 한나라 황실의 부흥을 이루겠는가?

더욱이 외래 정권의 지도자로서 제갈량은 토박이들을 전적으로 신뢰하지 못했다. 그래서 그는 '촉인이 촉을 다스리는' 정책을 실행하지 못했을 뿐만 아니라 도리어 정치적, 경제적 통제로 익주의 사족과 실력자들이 성장하지 못하게 했다. 그렇게 하지 않으면 촉한 정권의 안전을 보장할 수 없었기 때문이다.

'현지화'를 할 수 없어서 '사족화'도 필요가 없었다.

사실 조조와 마찬가지로 유비와 제갈량도 '법가적 서족의 정권'을 세우려 했다. 단지 상대적으로 유비는 서족에, 제갈량은 법가에 더 가까웠을 뿐이다. 하지만 원소의 길을 가지 않았다는 점에서는 일치한다.

한 왕조의 종실이라 불린 유비는 사실 가난뱅이 출신이었고 유비 집단의 초기 핵심 성원들도 전부 명문세가 출신이 아니었다. 관우는 명사와 사대부를 거들떠보지도 않았다. 유비와 제갈량도 그들에게 겉으로는 예의를 지켰지만 정치적으로는 경계했다. 명사의 말과 행동이 정권에 해롭다고 판단되면 절대로 그냥 넘어가지 않았다.

그래서 유비는 장유를 죽였고 제갈량은 팽양을 죽이고, 요립_{廖立}을 평민으로 강등하고, 내민_{來敏}을 파면했다. 팽양의 죄명은 반란 선동이었고 요립의 죄명은 비방과 무고였으며 내민의 죄명은 혹세무민이었다. 그리고 장유는 촉의 명사, 팽양은 익주의 명사, 요립은 초_楚의 재사, 내민은 형초_{荊楚}의 명문세가였으니 이를 통해 유비와 제갈량이 출신 지역을 가리지 않고 사족을 견제했음을 알 수 있다.[38]

이 점은 조조와 다를 것이 없었다.

사실상 제갈량과 조조는 다 법가였다. 그들이 세우려 한 것은 효율적이고 청렴한 정부와 공정하고 합리적인 사회였다. 그런데 공정하려면 사족의 편을 들어줄 수 없고 효율적이려면 출신만 봐서는 안 되며 청렴하려면 부패를 용인할 수 없고 합리적이려면 전횡을 허락해서는 안 된다. 이 모든 것은 "벼슬길을 독점하고, 여론을 통제하고, 세력가가 된다"는 사족의 3대 목표와 어긋나기에 사족은 결코 제갈량과 조조를 옹호할 수 없었다. 그리고 더 중요한 것은, 강력한 위나라 정권조차 어쩔 수 없이 노력을 포기해야 했는데 허약한 촉한이 어떻게 계속 사족과 싸워나갈 수 있었겠느냐는 점이다.

그래서 촉한은 필연적으로 먼저 망할 수밖에 없었다.

이제 결론을 내려보자. 위, 촉, 오는 본질적으로 모두 '비사족 정권'이었으며 세 나라의 주인도 다 사족이 아니었다. 그래서 모두 사족계급과 갈등이 있었다. 그 투쟁의 결과를 보면 위나라는 포기했고 오나

217

---

[38] 『삼국지』「주군전周群傳」「팽양전」「요립전」「내민전」 참고.

라는 타협했으며 촉한은 고수했다. 그렇게 고수했기 때문에 촉한이 먼저 망했고 그렇게 포기했기 때문에 위나라도 망했다. 또 그렇게 타협했기 때문에 오나라는 잠시 구차하게 목숨을 연명하긴 했지만 역시 망할 수밖에 없었다. 마지막에 남은 서진은 완전히 사족지주계급의 정권이었다.

이것이 바로 삼국시대였다.

그러면 우리는 이 시대의 역사를 어떻게 바라보아야 하는가?

제6장

도원결의의 꿈에서 깨다

천년의 꿈

다시 손권을 말하다

다시 유비를 말하다

다시 제갈량을 말하다

다시 조조를 말하다

역사적으로 천하의 효웅이었던 유비는 『삼국연의』에서 어질고 우유부단하며
백성을 사랑하는 인물로 묘사되었다. 그래서 그와 그의 전우들은 전통사회
중국인의 세 가지 꿈과 관계가 있다. 유비는 성군의 꿈을, 제갈량은 청렴한 관리의 꿈을,
관우와 장비는 협객의 꿈을 상징한다.

천년의 꿈

후대에 주목받은 거의 모든 역사적 사건과 인물은 보통 세 가지 이미지, 즉 역사적 이미지, 문학적 이미지, 대중적 이미지로 나뉜다. 역사적 이미지는 역사 기록과 역사학자들의 연구에서 비롯된 것이고 문학적 이미지는 소설이나 연극에서 창조된 것이며 대중적 이미지는 일반 민중의 마음속에 존재하는 것이다.[1]

역사의 독법과 이해, 평가도 세 가지로 나뉜다. 그것은 역사적 의견, 시대적 의견, 개인적 의견이다. 옛날 사람의 입장에서 바라보는 것이 역사적 의견이며 오늘날 사람의 입장에서 바라보는 것이 시대적 의견이고 자신의 입장에서 바라보는 것이 개인적 의견이다.[2]

삼국에는 이 세 가지 이미지와 세 가지 의견이 집중되어 있다.

이 점에 대해서는 당연히 나관중에게 경의를 표해야 한다. 그의
221 『삼국연의』 때문에 원래는 특별히 중요하지도 않은 시기의 역사가 중

---

1 세 가지 이미지에 대해서는 주웨이정朱維錚 선생이 언급.
2 세 가지 의견에 대해서는 첸무錢穆 선생이 언급.

화 문화권 내의 모든 사람에게 널리 알려졌다. 비록 사람들이 보통 알고 있는 것이 역사적 이미지와는 거리가 멀기는 하지만.

그러면 어째서 이런 일이 벌어졌을까?

그 원인 중 하나는 『삼국연의』의 높은 문학적 가치다. 만들어낸 고사성어의 수만 따져도 거의 독보적이라 할 만하다. 그런데 더 중요한 것은 이 소설이 지향하는 가치가 있을 뿐만 아니라 그 가치가 오랜 기간 관과 민간의 인정을 받으며 계승되었다는 사실이다.

그러면 『삼국연의』의 가치관은 무엇일까?

충의다.

이것은 작품 전체를 관통한다. 실제로 『삼국연의』가 유비를 높이고 조조를 폄훼하는 경향 뒤편에는 충의를 선양하려는 의도가 존재한다. 그래서 『삼국연의』의 제1회가 동탁의 낙양 입성이 아니라 도원결의인 것이다. 또한 이런 세심한 안배로 인해 역사가 전혀 다른 모습으로 변했다.

그것은 어떤 모습일까?

원소와 조조의 노선 투쟁이 덜 중요해지고 유비와 조조의 권력 다툼이 충신과 간신의 도덕적 충돌로 변했으며 결정적 역할을 한 손권보다 그리 중요하지 않은 관우가 더 조명을 받았다.

관우는 별로 중요하지 않은 인물이었나?

그렇다. 적어도 대단히 중요한 인물은 아니었다. 역사의 추세와 방 **222**

향을 바꾼 인물이라면 후한을 결딴낸 동탁, 군웅할거를 선도한 원소, 중원 세력과 대등하게 맞선 손권 등을 꼽아야 마땅하다. 이렇게 보면 관우의 중요성은 형주를 함락한 여몽, 유비와 싸워 이긴 육손에게도 훨씬 못 미친다.

그런데도 관우는 후대에 제갈량보다 더 숭배를 받았다. 그는 원나라 시대에 이미 신이 되었으며 그 후에는 또 성인과 부처가 되어 '무성인武聖人' 또는 '개천고불蓋天古佛'이라 불렸다. 이는 결코 그의 무예 때문이 아니라 충의 때문이었다. 천리를 단기필마로 달려 주군을 찾아간 충성심과 적벽대전에서 조조를 놓아 보낸 의리 때문이었다.

관우는 충의의 모범이자 상징이었다.

물론 이 점에 대해서도 나관중에게 경의를 표해야 한다.

사실 관우가 자기 곁을 떠날 때 조조는 그의 선택을 존중해주고 부하들에게도 그를 막거나 추격하지 말라고 명했다. 또한 나중에 적벽에서 패해 도망칠 때 조조는 아예 관우와 마주친 적도 없었다. 관우의 수많은 감동 스토리와 영웅적인 업적들, 예컨대 그가 술이 식기도 전에 화웅華雄의 목을 벴다는 식의 이야기는 전부 나관중의 놀라운 글재주가 낳은 산물이다.[3]

관우가 조조에게 사로잡혀 투항한 것에도 정당한 사유가 덧붙여졌다. 의리로 맺어진 형, 포로가 된 형수, 고통받는 황제를 외면하고 혼자 절개를 지키려 죽을 수는 없었다는 것이다. 물론 투항의 조건도

223

---

3 『삼국지』 「관우전」 참고.

나관중이 대신 이야기한다. 한나라에 투항한 것이지 조조에게 투항한 것이 아니라고.

이 해명은 허점이 너무 많다.

한나라에 투항한 것이지 조조에게 투항한 것이 아니라니 그게 무슨 말인가? 설마 유비 등이 원래 한나라에 대항하던 '반정부 무장 세력'이었는데 지금 한나라에 투항하기로 결정했다는 것인가? 다른 두 가지 사안도 마찬가지로 문제가 많다. 다섯 관문을 돌파하며 여섯 장수를 죽인 것은 조조에 대한 불의이고 화용도華容道에서 조조를 놓아준 것은 유비에 대한 불충이다.

나관중이 지어낸 이런 이야기와 말들이 얼마나 신빙성이 없는지 이제 이해가 갈 것이다.

실제로 『삼국연의』에는 헤아릴 수 없을 정도로 많은 허점이 있다. 제갈량이 세 번 주유를 화나게 했다는 이야기만 해도 새빨간 거짓말이다. 주유는 제갈량을 그렇게 의식한 적이 없었기 때문이다. 더구나 우아한 풍류와 비범한 도량의 소유자였던 그가 어떻게 다른 사람 때문에 화병이 나서 죽었겠는가? 또한 제갈량처럼 정정당당한 인물이 어떻게 동맹자를 해치고 경솔한 언사까지 썼겠는가.

물론 주유가 유비를 경계해야 한다고 주장하기는 했다. 하지만 그것은 적벽대전이 끝난 뒤의 일이었으므로 적벽대전 전에 제갈량을 거듭 음해했을 리는 없다. 마찬가지로 제갈량도 결코 간사한 소인이 아니었는데 어떻게 남의 불행을 고소해하며 부하들에게 "묘책으로 천하를 안정시킨 주유가 손부인을 놓치고 병사마저 잃었구나!"라고 외치게 했겠는가?(『삼국연의』에서 주유는 유비를 동오로 불러들여 손권의 여동생과 결혼하게 하고 그 틈에 그를 감금한 뒤 형주와 맞바꾸려 했다. 하지만 유비는 제갈량의 계책에 따라 결혼 후 부인을 데리고 동오를 빠져나갔고 추적하던 주유의 병사들은 제갈량이 강변에 매복해놓은 병사들에게 패했다. 이때 제갈량은 위의 말을 병사들에게 일제히 외치게 한다.) 이토록 품위 없고 격조 낮은 행태는 실로 눈살을 찌푸리게 만든다. 오죽하면 대학자 후스胡適 선생이 천박하다고 그를 욕했겠는가.[4]

세상에 그런 천박한 사람이 있는 것은 별로 이상하지 않다. 이상한 것은 사람들이 그런 천박한 사람을 비난하지 않고 오히려 숭배해온 것이다. 책에 그런 허점이 있는 것도 별로 이상하지 않다. 이상한 것은 사람들이 아무 의심 없이 오히려 흥미진진하게 이야기해온 것이다. 사람들은 대체 왜 그랬을까?

꿈을 이루려고 그랬다.

전통사회의 중국인들은 줄곧 꿈이 있었다. 첫 번째 꿈은 '대동大同의 꿈', 즉 부락시대로 돌아가려는 꿈이었다. 두 번째 꿈인 '소강小康의 꿈'은 하, 상, 주의 방국邦國시대로 돌아가려는 꿈이었다. 그리고 이 두 꿈이 실현 불가능한 꿈으로 판명되자 '태평성대의 꿈'을 꾸기 시작했다.

225

4 후스, 『삼국지연의』 서문」 참고.

태평성대의 꿈도 세 가지 내용으로 나뉜다. 우선 인자하고 지혜로운 황제가 나타나기를 바라는 '성군의 꿈'이 있고 관리들이 청렴하기를 바라는 '청관淸官의 꿈'이 있다. 그리고 성군과 청관의 출현을 기대하기 어려워지면 누군가 불의에 맞서 의협심을 발휘해주길 바라는데 이것이 바로 '협객의 꿈'이다.

성군, 청관, 협객은 중국인이 천년에 걸쳐 꿔온 꿈이다.

나관중은 이 세 꿈을 사람들이 이룰 수 있게 도와주었다. 성군은 유비이고 청관은 제갈량이며 협객 혹은 협사는 관우와 장비다. 이처럼 세 꿈의 세 대표자가 모두 유비 집단에 있으니 유비를 높이고 조조를 폄훼하는 풍조가 생긴 것이 당연했다.

반면에 역사의 진상을 알고자 하는 사람은 거의 없었다.

사실 『삼국연의』가 창출한 문학적 형상은 거의 대부분 민간에서 비롯되었고 나중에 또 민간으로 광범위하게 전파되어 원래보다 더 강력해졌다. 결국 두 세력 모두 그 시대 역사의 진정한 면모에서 갈수록 멀어지고 말았다.

그것은 그리 이상한 일은 아니었다. 어쨌든 모두가 태평성대를 동경했고 그들의 핵심 가치는 역시 충의였기 때문이다. 농업 민족 혹은 비非상업 민족이었던 중국인에게는 계약 정신도, 법치 관념도, 시민의식도 없었다. 결국에는 군신과 부자의 윤리와 강호의 의리밖에 없었다.

충의는 핵심 가치로서 역시 시대의 요구에 의해 생겨났다.

그 안에 아름다운 전망과 순수한 동기가 있다는 점은 누구도 부정할 수 없다. 충으로는 나를 제어하고 의로는 남을 제어하는데, 내가 충성스럽고 남이 의를 좇으면 질서가 잘 유지되고 관계가 잘 맺어져 천하가 태평해질 것이다.

이것이 도원결의桃園結義의 꿈이다.

하지만 충의는 무척 의심스러운 가치다. 실제로 그 내부에는 모순과 오류가 가득하다. 예를 들어 청관은 충성을 다하고 협객은 의를 좇아야 한다면 성군은 뭘 해야 하는가? 충이든 의든 모두 그에게는 적합하지 않다.

그렇다면 황제는 불충하고 불의해도 된다는 것인가?

임금 노릇도 어려웠지만 신하 노릇도 쉽지 않았다. 예컨대 장요는 조조에게 충성을 다해야 했기 때문에 관우와의 의리를 어기고서 관우가 떠나려 한다고 사실대로 보고했다. 또한 관우가 원소의 대장 안량安良을 죽였을 때, 마침 유비가 원소에게 몸을 의지하고 있었다는 사실에 주목해야 한다.

그러나 안량을 죽이지 않으면 조조의 큰 은혜에 보답할 수 없을뿐더러 떳떳하게 유비 곁에 돌아갈 수도 없었으니 관우는 실로 진퇴양난이었을 것이다.

227　다행히 관우는 충분한 이해와 동정을 얻었다. 다만 우리는 관우가

조조에게 의지하고, 저항하고, 투항하고, 작별을 고하고, 도망칠 기회를 준 것은 충의인데 여포가 그런 것은 왜 불의인지 잘 이해가 가지 않는다.

이에 대해서는 지금껏 대답한 사람도, 애초에 물어본 사람도 없었다.

충의를 선양해온 『삼국연의』는 이렇게 모순에 빠진다. 성군의 꿈을 상징하는 유비는 얼굴이 두꺼워 사기꾼 같고 청관의 꿈을 상징하는 제갈량은 꾀가 많아 요망스러워 보이며 협객의 꿈을 상징하는 관우는 적에게 투항한 것도 모자라 적을 놓아주었다.[5]

나관중 선생은 이런 점을 생각해본 적이 있을까?

아마 없을 것이다. 그가 표현한 것은 그의 시대적 관점이기 때문이다.

시대는 변했다. 옛 노래는 이미 다 불러 지나갔고 허위와 기만의 예술도 끝났다. 우리는 이제 새로운 사회관, 도덕관, 역사관 그리고 핵심 가치를 세워야 한다. 그래야만 민족을 부흥시킬 수 있다.

그것은 개혁개방과 시장경제와 법치제도의 수립을 통해서만 가능하다. 『삼국연의』는 그만 무대를 정리해도 되며 도원결의의 꿈 역시 깨져도 된다.

이제 우리는 역사로 돌아가보자.

228

---

5 루쉰, 『중국소설사략』 참고.

다시 손권을 말하다

역사에는 큰 추세도 있었고 작은 에피소드도 있었다. 큰 추세는 중화제국의 통치계급이 귀족지주(진한)에서 사족지주(위진남북조)로 변했다가 결국 서족지주(수당 이후)로 변한 것이다. 그리고 작은 에피소드는 진한과 양진兩晉(서진과 동진) 사이에 세 개의 '비사족 정권'이 동시에 병립한 것이다.

그것이 바로 삼국이었다.

삼국의 정립에서 가장 핵심적인 인물은 손권이었다. 그가 유비와 연합해 조조에게 대항하기로 결정하지 않았다면 유비는 틀림없이 궤멸되었을 것이다. 그래서 형주를 점령한 조조가 장강 중류에 끼어들었다면 상류의 유장과 하류의 손권은 얼마 안 가 장수나 여포 같은 신세가 되어 중국 전체가 조씨의 위나라에 의해 통일되었을 것이다.

이것이 바로 적벽대전의 의의이자 손권의 의의다. 『삼국연의』에서는 그리 사람들의 주목을 받지 못하는 손권이 사실은 지극히 중요한 인물인 것이다.

이릉대전도 마찬가지다.

그것은 관도대전과 적벽대전을 이은 세 번째 대규모 전쟁이었고 전쟁 말미에 두 가지 선택 가능성이 생겼다. 첫 번째는 패배한 유비군을 추격하는 것이었다. 동오의 많은 장수가 승리의 여세를 몰아 그러자고 주장했고 유비도 다시 싸우자고 큰소리치는 편지를 보내왔다. 그러나 두 번째로 육손이 전쟁을 마치고 철수하자고 주장했다. 왜냐하면 조비가 군대를 보내오고 있었기 때문이다. 조비의 명분은 동오의 유비 토벌을 돕겠다는 것이었지만 실제로는 흑심을 품고 있어 방비하지 않을 수 없었다.[6]

손권은 육손의 책략에 전적으로 동의하고 유비와 화의를 맺었다. 이때부터 조씨의 위나라는 중국 북방에서, 촉한과 동오는 각기 장강 상류와 하류에서 패자로 군림하면서 서로를 쉽게 넘보지 못했다.

삼국은 이렇게 형성되었다.

제갈량도 마찬가지로 중요한 역할을 했다. 그는 집권하자마자 등지의 건의를 받아들여 동오와 다시 동맹을 맺기로 결심했다.

"동오에 사신을 보내는 일을 오랫동안 생각해왔네. 하지만 적합한 사람을 찾지 못했는데 이제야 찾았군."

제갈량의 말에 등지가 궁금해하며 물었다.

230

---

6 『삼국지』「육손전」과 배송지주의 『오록』 인용문 참고.

"승상께서 택한 사람이 누구입니까?"

제갈량은 웃으며 말했다.

"바로 자네일세!"

등지는 그리 큰 기대를 받지는 못했다. 그가 동오에 갔을 때 손권은 무척 미심쩍어하며 접견을 미뤘다. 이에 그는 즉시 손권에게 글을 올렸다.

"제가 이번에 동오에 온 까닭은 귀국을 생각해서이지 단지 촉한을 위해서만이 아닙니다."

손권이 그게 무슨 말이냐고 묻자 등지는 또 말했다.

"동오와 촉한을 보면 한쪽은 첩첩의 험준한 땅이고 한쪽은 세 강에 막혀 있습니다. 만약 서로 입술과 치아의 관계가 된다면 나아가서는 천하를 겸병할 수 있고 물러나서는 삼국의 정립이 가능합니다. 반대로 대왕이 위나라에 귀순하여 독립을 유지하려 하신다면 양쪽으로 공격을 당해 강남의 땅은 더 이상 대왕의 것이 아닐 겁니다."

손권은 한참 침묵을 지키다가 답을 했다.

"그대의 말이 옳소."[7]

사실 손권이 의심한 것은 당연했다. 손권은 원소가 아니어서 명문세가의 배경이 없었고 유비가 아니어서 황족 종실의 후광도 없었다. 또한 조조는 더욱 아니어서 "천자를 받들어 조정에 불복하는 신하들을 호령하는" 이점도 없었다. 따라서 그는 상황에 맞춰 기민하게 대응

231

7 『삼국지』 「등지전」 참고.

하고 가까운 곳에서 해결책을 찾아야 했다.

실제로 손권은 매우 능숙하게 변신하곤 했다. 적벽대전에서는 대의를 내세워 "나와 늙은 도적(조조)은 양립할 수 없다"고 선언했다. 그런데 유비에게서 형주를 탈취하기 위해 다시 조조에게 신하 행세를 하며 칭제를 하라고 권했을뿐더러 관우의 수급까지 선물했다.

이번에도 마찬가지였다. 조조의 대군이 국경을 압박해왔을 때 그는 땅과 백성을 내놓겠다고 애걸하여 가까스로 목숨을 보전했다. 하지만 유비와 화해하고 제갈량과 동맹을 맺자 다시 안면을 바꿨다.

그래서 조조와 조비는 손권을 신뢰한 적이 없었다.

그러면 손권은 어떻게 그럴 수 있었을까?

이상주의자가 아니었기 때문이다. 그래서 그는 후한이 망하든 망하지 않든, 조조가 충신이든 간신이든 상관하지 않았다. 심지어 자신의 정권이 사족과 서족, 그 어느 쪽의 영향력 아래 들어가는지조차 상관하지 않았다. 그저 동오의 군주가 손씨이기만 하면 그만이었다.

사실상 손권은 이상은 없고 목표만 있었다. 그 목표는 바로 "제왕이 되어 천하를 도모하는 것"이었다. 단지 그는 자신의 세력이 약하다는 것을 알고서 서두르지 않았을 뿐이다. 결국 여건이 완전히 무르익은 뒤에야 황제의 자리에 올랐다.

이 일에 대해 손권과 그의 신하들은 처음부터 속셈을 갖고 있었다.

조비가 손권을 오왕으로 책봉한 뒤, 손권은 도위都尉 조자趙咨를 위나라에 사신으로 보냈다. 이때 조비가 조자에게 물었다.

"오왕은 어떤 군주인가?"

조자는 이렇게 답했다.

"웅심雄心과 모략을 겸비한 군주이십니다."

"웅심은 무엇이고 모략은 또 무엇인가?"

"천하를 노리는 것이 웅심이고 폐하께 몸을 굽힌 것이 모략입니다."[8]

실로 솔직한 말이었다.

등지도 솔직한 인물이었다. 그가 두 번째로 오나라에 사신으로 왔을 때, 손권이 그에게 말했다.

"장차 위나라를 멸하고 귀국과 우리나라가 천하를 나눠 다스리면 어찌 좋지 않겠소?"

그런데 등지는 이렇게 말했다.

"하늘에는 해가 둘이 없고 선비에게도 주군이 둘은 없는 법입니다. 위나라를 멸한 후에도 천명이 어디에 있는지 대왕께서 모르신다면 귀국과 우리 양국은 각자 전쟁을 알리는 북을 울릴 수밖에 없을 겁니다."

손권은 껄껄 웃었다.

"아니, 솔직해도 너무 솔직한 것 아니오?"[9]

5년 뒤 손권이 칭제했을 때, 제갈량도 빈말 따위는 하지 않았다. 주위의 반대를 물리치고 축하의 사신을 보내고서 손권과 '상호불가침

---

8 『삼국지』「오주전」참고.
9 『삼국지』「등지전」참고.

조약'을 맺었다. 동제東帝(오나라 황제)와 서제西帝(촉나라 황제)의 병립을 인정해줬을 뿐만 아니라 서면으로 미리 위나라의 영토를 나눠 갖자고 약속했다.[10]

이때는 가정 땅을 잃고 관직이 세 등급이나 떨어졌던 제갈량이 막 승상 직에 복귀한 시점이었다. 그는 의문을 제기하는 사람들에게 말했다.

"진정한 정치가라면 백성들의 근본적인 이익과 장기적인 이익을 계산할 줄 알아야 하오. 필부의 용기는 의미가 없소. 틀에 박힌 원칙도 의미가 없소."[11]

그렇다. 시세를 잘 살펴 행동하는 것은 원칙이 없는 것과는 다르다.

손권도 그러했다. 그는 한때 허리를 숙이고 위나라를 섬겼으나 고개는 꼿꼿이 들고 있었다. 위나라가 자식을 인질로 보내라고 여러 차례 요구했지만 한 번도 응하지 않았다. 허리는 숙여도 무릎은 꿇지 않고 무릎은 꿇어도 마음은 변치 않으며 줏대는 있으되 오만하지는 않았던 것이다.

그의 사신도 마찬가지였다.

앞에서 조자가 위나라에 사신으로 갔다고 했는데 그때 조비가 자신의 박학함과 총명함을 믿고 다소 비웃듯이 그에게 물었다.

"오왕은 학문을 좀 아는가?"

조자는 말했다.

---

10 『삼국지』 「오주전」 참고.
11 『삼국지』 「제갈량전」 배송지주의 『한진춘추』 인용문 참고.

"오왕께서는 많은 책을 두루 보지만 글귀에 연연하지는 않습니다. 천 리에 걸친 강을 방어하고 백만의 군대를 통솔하며 수많은 인재를 이끌어야 하니까요. 천하를 경영하는 것이 그분의 뜻이므로 책에서 멋진 구절이나 베끼고 있을 여유는 없습니다."

조비가 또 물었다.

"짐이 오나라를 토벌할 수 있겠는가?"

조자가 답했다.

"폐하에게 폐하의 군대가 있다면 오왕에게는 오왕의 방책이 있습니다."

조비가 또 물었다.

"오나라는 우리 위나라를 두려워하는가?"

조자가 말했다.

"강력한 대군과 철옹성이 있는데 그럴 리가 있겠습니까!"

조비가 다시 물었다.

"선생 같은 인재가 오나라에는 얼마나 있는가?"

조자가 말했다.

"대단히 총명한 인재가 팔구십 명 정도 있습니다. 소신처럼 보잘것 없는 인물은 이루 헤아릴 수 없이 많지요."[12]

이쯤 되면 손권을 새로운 눈으로 보지 않을 수 없다.

이제 유비도 그렇게 봐야만 할 것이다.

235

---

[12] 『삼국지』 「오주전」 배송지주의 『오서』 인용문 참고.

다시 유비를 말하다

유비는 손권과 다른 점도 있고 같은 점도 있다.

출신은 유비가 조조와 손권보다 나았다. 조조는 환관의 후예이고 손권은 비천한 집안 출신이어서 사족에게 업신여김을 받았다. 그러나 유비는 전한 중산정왕中山靖王의 후예로 알려진 데다 저명한 학자 노식盧植의 제자였다. 사람들은 이 점을 중시했다. 중산국中山國의 어느 부호는 금과 백은을 쾌척해 그를 돕기도 했다.[13]

유비는 또 처세에 능했다. 말수가 적고 선행을 즐기며 희로애락을 잘 표현하지 않는 한편, 널리 협객들과 사귀었다. 그가 세상에 나왔을 때는 마침 황건적의 난이 한창이어서 백성들이 먹을 것, 입을 것이 다 부족했다. 유비는 가산을 모두 처분해 친구들과 고락을 함께했다. 그 결과, 관우와 장비 같은 인재들이 그의 곁에 몰려들었다.

유비의 사람됨은 심지어 위기에서 그를 구해주기도 했다. 그가 지   **236**

---

13 아래의 유비 관련 이야기는 따로 주석 없이 모두 『삼국지』 「선주전」 참고.

방관을 할 때 누가 자객을 보내 죽이려 했다. 유비는 온 사람이 자객인 줄도 모르고 하던 대로 극진히 대접했다. 자객은 이에 감후한 나머지 사실을 털어놓고 훌쩍 가버렸다.[14]

이런 면은 손권과 비슷했다.

손권도 처세에 능했다. 노숙이 의탁하러 왔을 때는 그의 모친에게 옷과 모기장, 갖은 생활용품을 선물했다. 마치 조카가 숙모를 대하는 것과 같았다. 또 여몽이 중병에 걸렸을 때는 자기 내전에 묵게 하고 자신과 마주치면 그가 예의를 차리느라 힘들까봐 벽에 작은 구멍을 뚫어 수시로 병세를 살폈다.[15]

손권은 이렇게 아랫사람을 살뜰히 배려했다.

그래서 손권과 유비 곁에는 늘 인재와 영웅이 들끓어 조조와 조비의 부러움을 샀다. 서기 224년 9월, 위나라가 오나라 정벌에 나섰다가 철수한 것도 조비가 손권의 그런 우세를 인지했기 때문이라고 한다. 원래 세력이 보잘것없었던 유비와 손권이 끝내 대업을 이룬 것은 확실히 우연이 아니었다.[16]

그러나 손권과 유비의 길은 각기 달랐다.

손권은 강동 6군을 갖고 있었지만 유비는 빈털터리였다. 그의 이상, 목표, 청사진도 나중에 제갈량이 준 것이었다. 그가 가진 것이라고는 그저 평범함을 거부하는 야망뿐이었다. 한번은 변소에 갔다가 자기 허벅지에 군살이 붙은 것을 보고 그가 철철 눈물을 흘렸다. 유

---

14 『삼국지』 「선주전」 배송지주의 『위서』 인용문 참고.
15 『삼국지』 「노숙전」과 「여몽전」 참고.
16 당시 조비는 멀리 장강을 바라보며 "그에게는 능력 있는 부하들이 있어 도모할 수가 없구나"라고 말했다고 한다. 『삼국지』 「오주전」 참고.

표가 무슨 일이냐고 묻자 그는 말했다.

"노년이 닥쳐오는데 공을 이루지 못했으니 어찌 슬프지 않겠습니까!"[17]

유비의 야망이 무엇에서 비롯되었는지는 확실치 않지만 바로 그런 정신이 그로 하여금 어려움을 견디고 몇 번이나 쓰러지고도 다시 일어서게 했다. 이 점은 널리 존경받아 마땅하다. 아마도 이 때문에 조조는 세상에서 자신과 유비만이 영웅이라고 인정한 것이 아닐까.

대소 군벌들이 유비를 중시한 것은 그가 사족들 사이에서 일정한 영향력이 있었기 때문이다. 특히 원소가 죽은 뒤, 조조에게 반대하고 한나라를 옹호하던 사족과 명사들이 잔뜩 기대를 걸었던 인물도 유비였다. 만약 하늘이 한나라를 도왔다면 유비는 광무제 유수에 이어 두 번째로 멸망에서 나라를 건진 인물이 되었을 것이다.

유비도 어느 정도 그 점을 알고 있었다. 그래서 손권이 강자들의 틈바구니에서 외교로 살아남았다면 유비는 아무것도 한 일 없이 정치로 이익을 취했다. 적벽대전이 일어나기 전, 다른 사람들은 영토 확장에 힘썼지만 그는 명망을 높이는 데 힘썼다. 그 결과 수많은 군벌의 예우를 받아, 유비는 그들 사이에서 기회를 찾았다.

기회는 조조와 손권이 주었다. 그것은 적벽대전이었다. 하마터면 목숨까지 잃을 뻔했던 유비는 거꾸로 그때부터 제왕의 길에 올라섰다. 그것은 실로 하늘의 도움이라 할 만했는데 그는 너무 흥분한 나 **238**

---

17 『삼국지』「선주전」 배송지주의 『구주춘추』 인용문 참고.

머지 돌이킬 수 없는 전략적 오류를 연이어 범했다. 형주를 잃은 것과 이릉대전에서 패한 것이 대표적인 예다.

원래 유비는 잘못을 알면 고칠 줄 알았다. 일찍이 스스로 익주목이 되었을 때 그는 양식을 아껴 가뭄을 이겨내려고 금주령을 내린 적이 있었다. 당시 관리의 법 집행은 무척 엄격했다. 백성들이 집에 술 담그는 도구만 숨기고 있어도 체포하여 똑같이 벌을 주었다. 그러다 보니 인심이 흉흉해져 도처에 원성이 자자했다.

소덕昭德장군 간옹簡雍이 이를 비판했다.

어느 날 간옹이 유비를 모시고 산책을 하다가 길에서 한 쌍의 남녀가 나란히 가는 것을 보고 말했다.

"저들이 간통을 하려 하니 빨리 체포해야겠습니다."

유비가 궁금해하며 물었다.

"그걸 자네가 어떻게 아는가?"

간옹은 이렇게 말했다.

"저들의 몸에 간통을 할 수 있는 기관이 있지 않습니까. 집에 술 담그는 도구를 숨겨둔 것과 다를 바가 없지요."

유비는 껄껄 웃고서 즉시 가혹한 법령을 고쳤다.[18]

사실 유비는 도량이 컸다. 그가 이릉대전을 일으킬 때 편장군 황권은 차근차근 신중하게 공격하자고 주장했다. 유비는 그 말을 듣지 않고 황권을 장강 북쪽으로 보내, 혹시 있을지 모를 위나라의 습격에

239

대비케 했다. 얼마 후 이릉대전이 유비의 참패로 끝나자 황권은 퇴로가 끊겨 어쩔 수 없이 조비에게 투항했다.

조비가 황권에게 물었다.

"장군은 어둠을 버리고 광명에 투신했는데 한신과 진평陳平을 본받을 생각인가?"

황권이 답했다.

"신은 주군에게 두터운 은혜를 입은 몸으로서 오나라에 투항할 수는 없고 또 촉한에 돌아갈 길도 없어 할 수 없이 폐하에게 귀순했습니다. 구차하게 목숨을 보전한 것만도 다행인데 어찌 감히 옛사람을 따라하겠습니까?"

"장군의 가족이 벌써 유비에게 주살되었다고 하는데 짐이 대신 장사를 지내주겠네."

"신은 주군과 제갈량과 더불어 진심을 다해 서로를 대했습니다. 그들도 분명 신의 고충을 알 터이니 폐하는 서둘러 장사를 지내주지 않으셔도 됩니다."

실제로 얼마 후 황권의 예측이 맞는 것으로 판명되었다. 촉한의 공안부서가 황권의 가족을 주살하자는 의견을 냈지만 유비에게 퇴짜를 맞았다. 유비는 "황권이 짐을 저버린 것이 아니라 이번에는 짐이 황권을 저버렸다"라고 말했다. 위나라에 투항한 황권은 평생토록 유비와 제갈량에게 경의를 품고 살았다. 사마의조차 이에 대해 감탄을

금치 못했다.[19]

그러나 유비는 이상하리만큼 속이 좁기도 했다. 관우, 장비, 마초, 황충은 일등급인 '명호 장군'이었던 것에 반해 조운은 줄곧 이등급인 '잡호 장군'에 머물렀다. 나중에 유선이 죽은 장군들에게 시호를 내릴 때도 관우, 장비, 마초, 황충에게만 내리고 조운은 제외시켰다. 유씨 부자는 조운에게 실로 배은망덕했다.[20]

조운이 총애를 받지 못한 것은 귀에 거슬리는 충언을 자주 고했기 때문이다. 그리고 유비가 연달아 오류를 범한 것은 너무 빨리, 그리고 너무 갑자기 성공을 거뒀기 때문이다. 아마도 그는 정말로 자기가 하늘의 보살핌을 받는다고 생각했을 테니 조운의 반대 의견 따위가 귀에 들어왔을 리 없다.

제갈량조차 방도가 없어 입을 다물고 있었다.

사실 유비가 초년에 온갖 고초를 겪다가 중년에 운이 역전된 뒤, 만년에 실수를 연발한 것은 운명이나 풍수가 아니라 시대적 추세 때문이었다. 시세가 역사의 방향이 그렇게 되도록, 유비의 건국의 길도 "역사를 답습하고 이웃 나라를 따라하도록" 결정지었다. 그의 성공은 원래 예상 밖이었지만 그의 실패는 예상되었던 것이라고 말할 수 있다.[21]

유비가, 시대가 영웅을 만든 경우라면 손권은 영웅이 시대를 만든 경우다.

241

---

19 「삼국지」「황권전」 참고.
20 건안 24년(219), 유비는 한중왕이라 칭하고 관우를 전장군, 장비를 우장군, 마초를 좌장군, 황충을 우장군으로 봉했다. 이른바 '오호장군'은 사실 이 네 명뿐이다. 경요 3년(260), 유선은 관우에게는 장무후를, 장비에게는 환후桓侯를, 마초에게는 위후威侯를, 황충에게는 강후剛侯를 시호로 내렸지만 여기에 조운은 끼지 못했다. 나중에 강유 등이 문제를 지적하여 조운은 이듬해에 비로소 순평후順平侯라는 시호를 받았다.
21 롄위칭 선생의 「손오 건국의 길」 참고.

하지만 유비는 그래도 걸출한 인물이었다. 24세에 전쟁에 뛰어들어 34세에 대업에 착수했고 48세에 운이 뒤바뀌어 59세에 왕이 되고 63세에 황제가 되었다. 좌절과 방황이 많은 삶이었지만 그는 낙담하거나 비뚤어지는 일 없이 결국 두각을 나타내 일대의 효웅이 되었다.

임종을 두 달 앞두고 유비는 자기 인생에서 가장 마지막이자 가장 정확한 선택을 했다. 제갈량에게 나라와 자식을 맡긴 것이다. 실제로 착실하고 신중하며 충성스러운 제갈량만이 허약한 촉한 정권을 지켜낼 수 있었다.

다시 제갈량을 말하다

제갈량은 과로로 죽었다.

그것은 이상한 일이 아니었다. 그는 처리해야 할 일이 너무 많았고 또 책임감이 투철한 인물이었다. 그래서 큰일이든 작은 일이든 몸소 살피며 선제의 두터운 기대를 저버리지 않을까 두려워했다. 그는 사명을 완수하기 위해 목숨조차 내놓고 "죽을 때까지 온 힘을 다하기로" 마음먹었다.[22]

그런데 이처럼 책임과 사명이 이미 감당할 수 없이 무거운 상태에서도 그에게는 이상이 있었다.

골칫거리는 여기에서 비롯되었다.

진짜 골칫거리는 한나라를 부흥시키는 것이 아니라 어떤 한나라를 부흥시키느냐에 있었다. 성이 유씨이기만 하면 된다면 그는 왜 유표를 섬기지 않았을까? 또 후한의 옛 노선을 계속 걸어가려 했다면 왜

243

---

22 "죽을 때까지 온 힘을 다하겠다"는 말은 제갈량의 「후출사표」에 나온다. 이 글은 정사에도 안 실리고 문집에도 수록되지 않아 대부분의 학자가 위작으로 의심하고 있지만 아직까지도 제갈량의 사상을 대표한다.

원소를 따르지 않았을까? 관도대전 당시 제갈량은 이미 20세였고 진 작부터 자신을 관중과 악의에 견주었음을 알아둬야 한다.

제갈량이 유비를 택한 데에는 틀림없이 그만의 생각이 있었다.

사실 조조와 마찬가지로 제갈량은 새 질서의 건설자이자 낡은 제도의 개혁자였다. 그가 촉한에서 실행한 것은 실제로 '조조 없는 조조 노선'으로서 심지어 훨씬 더 멀리 나갔다.[23]

'법으로 나라를 다스리는 것'을 예로 들어보자.

이것은 조조와 제갈량이 다 주장했지만 둘 다 완전히 해내지는 못했다. 그런데 조조에게서 인치人治와 법치는 4 대 6, 심지어 5 대 5 정도였다. 그는 공융과 최염과 양수를 죽이면서 전혀 법치에 얽매이지 않았다. 상과 벌을 일관되게 잘 적용하여 언젠가는 자신조차 법으로 다스렸는데도[24] 그랬다.

제갈량은 3 대 7, 심지어 2 대 8까지 해냈다. 익주의 토호를 억울하게 죽인 법정의 과오를 눈감아준 적이 있기는 하지만 아주 부득이하거나 정치적으로 필요할 때만 그랬다. 가능한 한 언제나 공정을 기했다.[25]

그 결과는 어땠을까?

귀하거나 천하거나, 현명하거나 어리석거나 모두가 탄복했고 또 모두가 원망했다. 탄복한 것은 법 집행이 공정했기 때문이며 원망한 것은 법이 엄격했기 때문이다. 공정하다는 것은 모든 사람에게 똑같이

---

23 판원란의 『중국통사』에서는 조조는 북방에서, 제갈량은 촉나라에서 모두 후한의 악정惡政을 혁파했다고 말한다. 톈위칭은 「조조의 몇 가지 문제에 관하여」에서 조조가 사치스러운 풍조를 없애고, 청렴한 관리들이 다스리게 하고, 세력가를 억압하여 원소와 뚜렷한 대조를 이뤘으며 그와 비견될 만한 인물은 제갈량밖에 없었다고 평했다.

24 건안 8년, 조조는 말이 보리밭을 짓밟게 한 벌로 자신의 머리칼을 잘랐다. 이 일은 『삼국지』 「무제기」 배송지주의 『조만전曹瞞傳』 인용문에 나온다.

25 『삼국지』 「법정전」과 「팽양전」 참고.

엄격한 것을 뜻한다. 그래서 한편으로는 "형벌이 엄격해도 원망하는 자가 없었지만" 다른 한편으로는 "군자부터 소인까지 원망을 품지 않은 자가 없었다."[26]

제갈량의 법이 정말로 그렇게 가혹했을까?

물론이다. 그의 정부는 군 정부였고 그의 정치와 경제 운영도 전시체제로 이뤄졌다. 그렇다면 팽양 사건도 정치적 필요에서 비롯되었는지 모른다. 제갈량이 개인적으로 그를 대단히 미워했을지라도 말이다. 그런데 여기에서 더 중요한 것은 누구도 전쟁 시기에는 마음대로 허튼소리를 할 수 없다는 사실이다. 언론의 자유? 절대 있을 수 없는 일이었다.

제갈량 자신도 소심해 보일 정도로 신중했다.

그의 신중함도 정치적 필요에서 비롯되었다. 제갈량이 촉한에서 권력과 권위가 유선을 능가했고 위나라를 치다가 번번이 실패해 재정과 백성을 상하게 했으며 마속을 잘못 쓰고 위연을 억누른 것도 현명한 처사가 아니었음을 상기해야 한다. 높은 곳에 있으면 원래 추위를 견디기 힘든 법인데 하물며 곳곳이 위태로운 정치투쟁의 장이었으니 누가 허튼소리를 할까 두렵지 않을 수가 없었다.

이런 상황에서 "권력을 독점하면서도 예를 잃지 않고 군주의 일을 행하면서도 백성들에게 의심을 사지 않으려면" 자기 자신을 엄격히 단속하는 수밖에 없었다. 적어도 제갈량은 안으로는 남는 재산이 없

---

26 진수는 『삼국지』 「제갈량전」의 논평에서 "형이 가혹해도 원망하는 사람이 없었으니 마음 씀씀이가 공평하고 권장과 징계가 현명했다"라고 했다. 반면에 『삼국지』 「제갈량전」 배송지주의 『촉기』 인용문에서는 "형법을 혹독하게 적용해 백성들을 착취했기 때문에 군자든 소인이든 전부 원한을 품었다"라고 했다.

고 밖으로도 재물을 취하는 법이 없어 확실히 청렴함을 유지했다. 이처럼 높은 인격과 절개로 인해 그는 백성들에게 진심 어린 존경을 받을 수 있었다.[27]

그런데 그는 굳이 그렇게 과로할 필요가 있었을까?

그럴 필요가 없었다.

사실 유선이 무능했다는 견해는 별로 신빙성이 없다. 제갈량이 죽은 뒤, 유선은 새 승상을 정하지 않고서 대사마 장완에게 행정을 주관하고 군사에 관여하게 하는 한편, 대장군 비위에게는 군사를 주관하고 행정에 관여하게 했다. 이런 상호 견제의 정치 구도와 권력 분배가 어떻게 무능한 사람의 머리에서 나왔겠는가?

유선은 어리석지도 않았다. 사마의가 요동 원정을 갔을 때 촉한 사람들은 다 위나라를 북벌할 절호의 기회라고 생각했지만 유선은 침착하고 냉정했다. 그는 장완에게 한중에 들어가 주둔할 것을 명하면서 오나라군이 역시 행동을 개시할 때까지 기다리라고 했다. 동쪽과 서쪽에서 서로 호응하고 위나라 안에서도 문제가 생겼을 때 비로소 진공해야 한다는 것이 그의 생각이었다.[28]

유선은 절대로 모자란 사람이 아니었다.

그렇다면 제갈량은 왜 대권을 틀어쥔 채 끝내 군주에게 돌려주지 않았을까?

아마도 정치 개혁을 하려고 했기 때문일 것이다.

246

27 『삼국지』「제갈량전」과 배송지주의 『원자袁子』인용문 참고.
28 『삼국지』「장완전」참고.

아니면 그가 부흥시키려던 것이 사실 이상 속의 전한이어서 그랬는지도 모른다.

전한 초엽의 국가 제도에는 궁정과 조정, 황권과 재상권을 구분하는 정치적 이상이 깃들어 있었다. 황제는 국가의 원수로서 주로 국가의 통일을 상징하는 기능을 했고, 재상은 정부의 수뇌로서 관원들을 지휘하여 국가를 관리하면서 정치 영역의 모든 실제적 책임을 졌다.

이런 제도를 '허군실상虛君實相'이라고 한다.

그러면 허군실상은 좋은 제도일까?

가장 좋다고는 할 수 없지만 나쁘지도 않다. 이 제도에 따르면 황제는 권한을 부여하되 책임을 지지 않으며 재상은 책임을 지되 절대적 권한은 없다. 일단 국가에 변고가 생기면 국가 운영과는 무관한 원수가 권한 부여자의 명의로 실제 책임자인 재상을 문책하며 후자는 책임 내각 혹은 문책이 가능한 정부일 수도 있다.

제갈량이 정치를 주도했던 촉한이 바로 그랬다. 「출사표」를 보면 "원컨대 폐하는 신에게 적을 토벌하고 나라를 부흥시키는 일을 맡겨주시고 신이 전력을 다하지 않으면 신의 죄를 다스려 선제의 영령께 고하십시오"라는 말이 나온다. 이것이 곧 권한을 부여하고 문책을 하는 것인데 사실 황제가 직접 정치를 하는 것보다 훨씬 낫다.

하지만 여기에는 문제가 많다.

우선 실권을 쥔 재상이 기회를 틈타 쿠데타를 일으켜 제위를 찬탈

247

하고 새 황제가 되려 할 수도 있다. 제갈량이야 자신의 인격을 담보로 삼아 그런 일이 없었지만 안타깝게도 도덕적인 담보는 여태껏 믿음직스러웠던 적이 없다. 제갈량이 왕망 같은 사람이 아니었다는 것이 다른 사람이 조비 같은 사람이 아님을 뜻하지는 않는다.

그다음으로, 헌법도 국회도 없는 상황에서 실권은 있는데 쿠데타를 일으킬 염려는 없는 재상이 나오기는 거의 어렵다. 유비는 당연히 운이 좋았다. 유선은 감히 그런 도박을 하지 못했다. 장완이 죽은 뒤 직접 국정을 돌보다가 결국 망국의 군주가 되어 낙양에 가서 바보 행세를 할 수밖에 없었다.

제갈량의 정치 개혁은 끝내 실패로 돌아갔다. 만약 그가 정말로 그런 의도가 있었다면 말이다.

정치 개혁에 실패한 제갈량은 도덕적 표상이 되는 수밖에 없었다. 심지어 도교의 신선이 되기도 했다. 사람들은 그가 뜻을 이루지 못한 것을 안타까워하고 그의 '삼고초려' 이야기를 흠모해 마지않았다. 나아가 그에게 팔괘도가 그려진 옷을 입히고, 거위 깃털 부채를 들리고, 소매에서 묘책이 담긴 비단 주머니를 꺼내게 하면서 '지혜의 상징'이라고 찬미했다.[29]

정작 그가 실천한 허군실상이나 법치의 제도를 언급한 사람은 없었다.

역사는 원래 이렇다. 항상 자신의 원래 모습을 똑똑히 드러내지 못 248

---

29 『삼국연의』 속의 제갈량을 장도릉張道陵의 제자이자 여동빈의 사형으로 칭한 것은 차오쥐런曹聚仁 선생의 견해다. 차오쥐런, 『『삼국연의』 속 역사적 사실의 진실성』 참고.

한다. 역사의 형상은 늘 문학의 형상이나 민간의 형상만큼 강력하지는 못해서 우매한 군중의 우상이 절대적인 것처럼 굳어지곤 한다.

제갈량의 영혼은 어쩔 수 없이 하늘에서 혼자 고독을 씹고 있을 것이다.

그러면 조조는 또 어떨까?

다시 조조를 말하다

조조는 외로울 뿐만 아니라 억울했다. 많은 일을 다른 사람은 해도 되는데 그가 해서는 안 되었다. 예를 들어 내민과 팽양은 촉나라의 공융과 예형禰衡이었다. 하지만 제갈량은 팽양을 죽이고도 누구의 비판도 듣지 않았고 조조는 예형을 죽이지도 않았는데 천고의 오명을 뒤집어썼다. 이래도 되는가? 합리적인 일인가?

합리적이지는 않지만 이유는 있었다.

그 이유 중 하나는 조조가 중원, 즉 사족이 운집한 중앙에 있었던 탓에 일이 벌어지면 그 여파도 컸기 때문이다. 촉한은 이와 반대였다. 똑같은 일이 벌어져도 살짝 파문만 일고 그만이었다.

더구나 사족은 조조에 대한 적의가 대단했다. 그들의 적의는 깊이를 가늠하기 어려울 정도였다.

사실 사족은 후한 말기에 이미 통치 집단의 주요 세력이 되었다. **250**

그들이 통치계급이 되려면 두 가지 방식이 있었다. 하나는 평화로운 권력 이양, 다른 하나는 무장 투쟁이었다. 그런데 동탁이 수도에 들이닥치는 바람에 앞의 방식은 더는 쓸 수 없게 되었고 관도대전 이후에는 뒤의 방식도 물거품이 되었다. 이런 까닭에 동탁과 조조는 그들의 으뜸가는 원수가 되었다.

둘 중에서도 조조가 더 가증스러웠다.

확실히 동탁은 사족을 존중했고 심지어 두려워하기까지 했다. 그의 문제는 거칠고 야만적이며 교양이 없다는 것이었다. 그런데 조조는 뼛속 깊이 사족을 업신여겼다. 아직 입지가 불안할 때였는데도 오만불손한 명사 변양邊讓을 공공연히 죽였을 정도였다. 그 결과, 연주의 사인들이 의분에 떨고 온 천하의 사족이 그에게 적개심을 불태우게 되었다. 오랜 친구 장막과 옛 부하 진궁도 같이 조조를 배반했다.[30]

연주목이 조조에서 여포로 바뀐 것도 이 때문이었다.

사실 조조가 연주목을 대행하게 된 데에는 진궁의 역할이 매우 컸다. 그러나 변양이 피살된 후, 진궁은 죽을 때까지 조조와 맞섰다. 심지어 힘만 세고 머리는 빈 여포까지 돕고도 나중에 조조에게 포로가 된 뒤에 차라리 죽을지언정 투항은 하지 않았다.[31]

조조는 차마 죽일 수가 없어 진궁의 자字를 부르며 말했다.

"여보게, 공태公台. 자네가 죽는 것은 별게 아니어도 자네 어머니는

251

---

30 『삼국지』「여포전」, 『후한서』「변양전」, 『자치통감』 제61권 참고.
31 조조가 연주목을 대리하도록 진궁이 힘쓴 일은 『삼국지』「무제기」 배송지주의 『세어世語』 인용문 참고.

어쩌고 자네 아내와 아이들은 또 어쩔 것인가!"

그래도 진궁은 뜻을 굽히지 않고 길게 탄식하며 말했다.

"효로 세상을 다스리는 자는 남의 육친을 해치지 않고 천하에 어진
정치를 베푸는 자는 남의 후손을 끊지 않으니 내 가족이 죽고 사는
것은 다 귀하에게 달렸소."

말을 마치고서 그는 고개를 쳐들고 형장으로 향했다.[32]

조조는 눈물을 흘리며 진궁을 전송했고 그의 가족도 죽이지 않고
부양해주었다. 하지만 그렇다고 해서 기존의 노선을 바꾸지는 않았
다. 오히려 바로 그때 조조는 '법가적 서족庶族의 정권'을 세우겠다는
신념을 더 굳게 다졌을 것이다. 목표점으로 가는 지도도 시간표도 없
기는 했지만.

하지만 그의 영향력은 대단히 컸다.

사실 조조가 세상 사람들에게 지속적으로 증명한 것은 사족 출신
이 아닌 군벌만이 정권을 탈취할 수 있고 또 원소가 대표하는 '유가적
사족 노선'을 피해야만 성공할 수 있다는 점이었다. 이것은 곧 유비와
손권이 '포스트 원소 시대'에 성공할 수 있었던 요인이기도 했는데 그
길잡이 역할을 조조가 한 것이다.

천하가 세 나라로 변한 원인도 여기에 있다.

하지만 안타깝게도 조조의 생각에는 문제가 있었다. 왜냐하면 제
국의 제도에서 서족지주가 통치계급으로 가장 적합하기는 하지만 법 **252**

32 『삼국지』 「여포전」 배송지주의 『전략』 참고.

가 사상은 가장 적합한 이데올로기가 아니라는 것이 역사적으로 증명되었기 때문이다. 그래서 수당 이후의 정치 노선은 원소의 '유가적 사족'도 조조의 '법가적 서족'도 아니고 '유가적 서족'이나 유, 불, 도를 아우르는 서족지주였다.

하지만 그것은 위진남북조시대에 369년간의 시행착오를 거듭한 뒤에야 실현되었다. 서진과 동진을 대표로 하는 사족 정권의 탄생도 역사적으로 필연적이었다. 따라서 조조는 너무 일찍 등장한 데다 착오까지 범했으므로 실패한 것이 당연했다.

사족지주계급이 보인 적의는 이해하기 어렵지 않다. 조조가 그들의 길을 막고 그들의 시간을 지체시켰기 때문이다. 그들은 열화와 같은 분노를 조조에게 쏟아붓고 뼈에 사무치도록 그를 증오했다.

더욱이 조조 자신도 빌미를 제공했다.

조조의 가장 큰 착오는 조비가 황제가 되도록 미리 조건을 마련해준 것이었다. 만약 조조가 위왕에 오르지 않았다면, 심지어 위공에 봉해지지도 위나라를 세우지도 않았다면 조씨 가문은 설사 대대로 재상을 지냈더라도 어떻게 되었을까?

아마 제갈량처럼 되었을 것이다.

실제로 제갈량과 조조는 닮은 점이 없지 않다. 그들은 모두 한 나라의 승상으로서 현후縣侯에 봉해졌고 주목州牧(자사, 지방관)을 겸했다. 두 사람의 직무와 직함을 나란히 놓고 보면 그야말로 쌍둥이 같다.

조조: 무평후, 승상, 기주목

제갈량: 무향후, 승상, 익주목

조조에게 더 있는 것은 위왕의 작위뿐이다.

그래서 마르크스가 예언한 것처럼 되었다. 자기 큰아버지인 나폴레옹처럼 쿠데타를 일으킨 루이 보나파르트의 몸에 황제의 옷이 입혀진다면 파리 방돔 광장 기둥 위의 나폴레옹 동상이 끌어내려질 것이라고 그는 말했다. 마찬가지로 조비가 황포를 걸쳤을 때, 조조는 자신이 교활한 인물로 그려지기를 기다릴 수밖에 없었다.[33]

이와 동시에 제갈량은 신의 반열에 올랐다.

제갈량이 빛나는 정신의 소유자였던 것은 부인할 수 없다. 그는 나라와 백성을 걱정하여 자신을 희생했으며 청렴하고 겸허하면서도 신중했다. 그리고 늘 솔선수범했기에 천고의 귀감으로 불릴 만하다. 그러나 제갈량이 신이 된 것은 꼭 이런 점들 때문만은 아니었다. 주된 원인은 역시 사회가 전형을 필요로 했기 때문이다. 제국의 통치자는 충신이 필요했고 일반 백성은 청백리가 필요했으며 사대부는 자신들의 상징이 필요했다. 이것은 조조가 간신의 대명사가 된 것과 똑같은 이치다. 사회는 긍정적인 전형뿐만 아니라 부정적인 전형도 필요로 한다.

사실 역사적 인물로서의 조조와 제갈량은 각기 '장강의 앞 물결과   **254**

---

33 카를 마르크스, 『루이 보나파르트의 브뤼메르 18일』 참고.

뒤 물결'에 지나지 않았다. 문학적 형상이자 민간의 형상으로서의 조조와 제갈량은 곧 동전의 앞뒷면이었다. 그 동전의 앞은 천사, 뒤는 악마인데 제갈량이 천사여서 조조는 별 수 없이 악마가 되었다. 또 제갈량이 뒤 물결이어서 조조는 별 수 없이 백사장 위로 밀려났다.

하지만 역사의 긴 강은 앞 물결이든 뒤 물결이든 상관없이 자신의 길을 따라 꿋꿋이 앞으로 나아가게 마련이다. 그래서 소동파蘇東坡가 장강 언덕에 서서 어렴풋이 적벽대전의 풍운을 상상했을 때 그의 머릿속에는 뜻밖의 그림이 떠올랐다. 젊고 잘생긴 주유가 가뿐한 차림으로 배들을 이끌고 서쪽으로 가는데, 웃고 즐기다가 부채로 가리키는 곳을 보니 조조의 수십만 대군이 불에 타 사라져버렸다.

당연히 이것도 역사적 관점이자 정신적 스타일에 속한다. 다만 삼국시대의 것이 아니라 위진시대의 것이다. 그렇다. 소동파가 묘사한 주유는 위진시대의 명사와 더 닮았지 삼국시대의 장군은 아니다. 설령 조조가 시인이었던 것처럼 주유도 음악에 정통했고 또 두 시대가 시간적으로 가깝더라도 말이다.

삼국은 삼국이고 위진은 위진이다. 두 시대의 정신은 달랐다. 스타일, 기운, 정취, 격조도 달랐다.

그러면 위진은 또 어떤 스타일이었을까?

저자 후기

언제쯤 삼국을
잊게 될까

한 친구가 말했다.

"자네 중국사의 삼국시대 부분이 무척 기대되네."

"아, 그런가?"

그는 기대가 컸지만 나는 씁쓸했다.

삼국은 이렇게 사람들의 주목을 받아서는 안 된다.

사실 이 시대의 역사는 그리 중요하지 않다. 그 전에 계曹가 선양禪
讓을 폐지한 것이나 서주의 봉건제, 진나라의 천하통일보다 못할 뿐
만 아니라 그 후의 오호五胡의 전란보다도 못하다. 그러니 백가쟁명은
더더욱 감히 넘보지 못한다.

그러나 중국과 타이완 그리고 아시아 각국에서의 삼국의 지명도는
다른 역사 시대보다 압도적으로 높다. 물론 대다수 사람이 아는 이야
기는 『삼국연의』에 나온 것들이다. 진수의 『삼국지』와 범엽范曄의 『후한

서』를 본 사람은 거의 없다. 중국도 그렇고 일본, 한국, 베트남도 마찬가지다.

사실『삼국연의』가 세상에 처음 나왔을 때는 사람들의 관심을 못 끌었다. 지식인들은 특히나 코웃음을 쳤다. 그러다가 청나라의 모성산毛聲山, 모종강毛宗崗 부자가 늘이고, 줄이고, 고치고, 평을 단 뒤에야 천하에 널리 퍼졌다. 따라서『삼국연의』의 성공은 나관중뿐만 아니라 모씨 부자도 기여한 바가 있는 셈이다.

그러면 모씨 부자는 어떤 '첨가제'를 넣은 걸까?

이것은 판본 학자와 문학사 연구자만 답할 수 있는 문제이지만 그 두 사람이 남긴 평에서 어느 정도 실마리를 찾을 수 있다. 예를 들어 전위가 장수와의 전투에서 전사했을 때 조조가 한바탕 운 적이 있었다. 적벽대전에서 패한 뒤에도 "곽봉효郭奉孝(곽가)가 있었다면 나를 이 지경에 이르게 하지는 않았을 텐데"라고 말하고서 목 놓아 통곡하며 "슬프도다, 봉효여! 애통하도다, 봉효여! 애석하도다, 봉효여!"라고 소리쳤다.[1]

하지만 이게 전부가 아니다.

모씨본『삼국연의』는 함부로 과장하고 이러쿵저러쿵 문제를 부각한다. 우선 조조가 전위의 죽음을 슬퍼한 것은 장수들 앞이었고 곽가의 죽음을 슬퍼한 것은 모사들 앞이었다고 서술한다. 그리고 이에 대해 모씨 부자는 평하길, 조조가 전위의 죽음을 슬퍼한 것은 장수들

259

---

1 『삼국지』「전위전」「곽가전」과 배송지주의 『부자』 인용문 참고.

을 감동시키기 위해서였고 곽가의 죽음을 슬퍼한 것은 모사들을 부끄럽게 하기 위해서였으며 앞의 울음은 포상보다 낫고 뒤의 울음은 매질보다 낫다고 했다.

이어서 그들은 다소 비웃는 어조로 "원래 간웅의 눈물은 돈으로 쓰일 수도 있고 몽둥이로 쓰일 수도 있는 것이다. 간웅의 간사함은 실로 가소롭기 그지없다!"라고 했다.

이것도 역사에 속할까? 당연히 그렇지 않다. 하지만 볼만하고, 보기에 재밌고, 보고 싶게 만든다.

문학 작품은 반드시 보기에 재밌어야 한다. 그래서 역사적 사실에 그렇게 연연하지 않고 갖다 붙여도 되고, 오류가 있어도 되고, 날조를 해도 되고, 거짓으로 진실을 숨겨도 된다. 예를 들어 제갈량이 위연의 '자오곡 기책'을 쓰지 않은 것은 사실이고 공성계로 사마의를 놀라 도망가게 한 것은 거짓인데 『삼국연의』는 두 가지 다 받아들였다.

이에 대해 모씨 부자는 평하길, "전자는 제갈량의 소심함을 표현하고 후자는 대담함을 표현한다. 하지만 그가 평소에 소심하지 않았다면 감히 그 순간에 대담하게 공성계를 쓰지 못했을 테고 사마의도 아무 의심 없이 속임수에 걸려들지는 않았을 것이다"라고 했다.

그래서 모씨 부자는 "소심한 사람만 대담한 일을 하지 않고 또 소심한 사람만 대담한 일을 할 수 있다"라고 했다.

이 말에는 철학적 이치가 깃들어 있다. **260**

이와 같은 화룡점정의 말들이 때때로 눈에 띈다. "충후한 사람은 영리한데 지극히 영리한 점이 바로 지극히 충후한 점이다"라는 말도 있고, "성실한 사람은 애를 쓰는데 지극히 애를 쓰는 점이 바로 지극히 성실한 점이다"라는 말도 있다. 또한 "영웅이 자부하는 것은 의로움일 뿐이고 간웅이 자부하는 것은 지혜로움일 뿐이다"라는 말도 있다. 이런 말들에는 삶의 이치뿐만 아니라 가치 지향도 있다.

안타깝게도 이런 멋있는 말들에는 하나같이 어떤 전제가 있다. 삼국시대는 충의와 간사함의 투쟁사였다는 것이다. 간사함과 싸워 이기려고 충의는 부득이하게 악으로 악에 대항한다. 이런 대항은 좋게 말하면 지혜와 용기를 겨루는 것이고 나쁘게 말하면 서로 아귀다툼을 벌이는 것이다.

아귀다툼은 『삼국연의』 전체에 일관되게 나타나는데 특히 적벽대전 전후가 그렇다. 원래 정인군자였던 주유와 제갈량조차 꿍꿍이속이 있는 비열한 소인배가 된다. 주유는 질투와 음모를 일삼으며 제갈량은 간사하고 교활한 면모를 보인다. 서로 아끼는 마음은 조금도 없고 공명정대하지도 않다.[2]

그런데 사람들은 다 재미있다고 말한다.

이것은 정말 "벌겋게 부어오른 곳도 복사꽃처럼 예뻐 보이고 썩어 문드러져도 버터처럼 좋아 보이는"(루쉰의 잡문에서 인용. 타락하고 마비된 중국인의 민족성을 비판하는 부분) 격이다. 이른바 '삼국연의』 붐에서 나타

---

2 후스의 『『삼국지연의』 서문」 참고.

나는 국민 심리와, 나아가 중화 문화권의 정신적 지향 및 문화 심리는 정말 대단히 미심쩍다.[3]

실제로 『삼국연의』에서 오래도록 사람들이 아무리 봐도 질려 하지 않는 여덟 글자는 계책, 음해, 술수, 모략이다. 이것들은 전쟁터, 관료 사회, 비즈니스, 심지어 연애에서도 쓰이니 누가 원하지 않겠는가?

『삼국연의』에 한해서는 "고전을 다시 읽자"라는 캐치프레이즈가 전혀 필요치 않다.

작가와 적잖은 독자들이 긍정적인 가치라고 생각하는 충의도 미심쩍다. 충은 무엇인가? 신하는 임금에게 충성하고 자식은 애비에게 충성하며 아내는 남편에게 충성한다. 하지만 임금도 신하에게 충성해야 하는가? 애비도 자식에게, 남편도 아내에게 충성해야 하는가? 그럴 필요 없다. 다들 생각해보라. 이것이야말로 '불평등관계'가 아닐까?

의도 큰 문제가 있다. 도의, 정의正義, 인의, 정의情義, 신의 중 어느 것이 진정한 의 또는 큰 의일까? 이런 '의'들에 모순과 충돌이 생기면 또 어떻게 해야 하나? 누구도 분명하게 설명하지 못하고 그저 상황에 맞춰 대응하거나 멋대로 단정 내릴 뿐이다. 누가 내게 불인不仁하다고 하면 나는 그에게 불의不義하다고 하는 식으로 말이다.

충의는 남을 응징하는 무기로 변해버렸다.

이것은 결코 이상한 일이 아니다. 사실 이런 핵심 가치는 그 자체에 문제가 있다. 충은 일방적인 종속관계이고 의는 여러 측면에서 임의

262

---

3 루쉰의 『수감록隨感錄』 39 참고.

대로 해석된다. 충은 변하지 않으며 의는 수시로 변한다.

사실 모든 정치투쟁은 근본적으로는 다 이익을 둘러싼 투쟁이다. 이익을 다투면서 의를 얘기하는 것은 허풍과 거짓말일 수밖에 없다. 이것이 바로 '위선'이다.

이것이 바로 『삼국연의』의 병폐다.[4]

구체적으로 말하면 모씨본 『삼국연의』의 문제는 역사의 사실을 바꾼 데에 있지 않고 역사의 본성을 바꾼 데에 있다. 역사의 사실은 바꿔도 되지만 본성은 바꾸면 안 된다. 작가가 자신이 말하는 것이 역사가 아님을 명확히 밝히고 독자도 그 소설을 역사로 보지 않는 경우를 빼고 말이다. 하지만 이 점을 분명히 이야기한 사람이 아직까지 없었다.

그렇다면 삼국시대 역사의 본성은 무엇일까?

앞부분은 조조와 원소의 노선 투쟁이고 뒷부분은 조조, 촉한, 동오의 권력 투쟁이다. 나중에 삼국이 하나로 통일된 것은 역사의 원래 추세로 돌아온 것일 뿐이다. 그 추세를 가리키고 그 뒤편의 깊은 의미와 지배적인 힘을 찾아내는 것이야말로 역사학의 임무다.

따라서 이 책에는 아주 긴박하고 머리를 굴려야 하는 내용은 없다. 이 책은 『삼국연의』가 아니라 『삼국시대』이기 때문이다. 독자들은 자기가 보고 싶었던 것을 보지는 못할 것이다. 단지 최대한 진실에 다가간 역사만을 볼 것이다.

263

---

4 자세한 내용은 필자가 2010년 7월 22일자 『난팡주말南方週末』에 게재한 「『삼국연의』의 '본성의 병폐性之病」 참고.

'삼국연의'가 아니라
'삼국시대'를 보라

2011년 이중톈은 16권으로 이뤄진 『이중톈 문집』의 출간에 맞춰 유력 주간지 『난팡주말』의 인터뷰에 응한 적이 있다. 이 인터뷰에서 기자는 그의 인생에서 네 번의 전환기가 있었다고 말한다. 첫 번째는 문화대혁명 초기 신장新疆의 황무지 개척에 뛰어든 것이었고, 두 번째는 문혁 종결 후 늦은 나이에 우한武漢 대학에 입학해 중국문학 공부를 시작한 것이었으며, 세 번째는 샤먼廈門 대학의 교수가 되어 학자로서 좋은 평판을 얻게 된 것이었다. 그러면 네 번째 전환기는 무엇이었을까? 바로 2005년부터 CCTV 교양프로그램인 '백가강단百家講壇'에서 일련의 유명 강좌를 진행하여 일약 중국을 대표하는 대중 사학자로 떠오른 것이었다. 그런데 이중톈은 그 네 차례에 걸친 전환 중에 "앞의 세 번은 스스로 전환한 것이었지만 네 번째는 '전환된' 것이어서

느낌이 이상했고" "스스로 통제할 수 없었다"고 토로했다.

확실히 그랬다. 그는 '백가강단'에서 세 가지 강좌를 연이어 진행했는데 우선 '한나라 시대의 풍운 인물漢代風雲人物'로 대중의 주목을 받기 시작해 '삼국지 강의品三國'로 폭발적인 반응을 불러일으켰다. '삼국지 강의'는 그의 의도와는 상관없이 오늘날 그가 중국 학계와 지식인 사회의 거인으로 우뚝 서게 한 최고의 히트작이었다. 하지만 이 인터뷰에서 그가 개인적으로 가장 중시한다고 말한 강좌는 뜻밖에도 마지막 강좌인 '선진제자 백가쟁명先秦諸子百家爭鳴'이었다. 기자가 그 이유를 묻자 이중톈은 그 강좌와, 그 강좌의 내용을 정리해 출간한 책이 특수한 점이 있었다고 전제한 뒤, 다소 씁쓸한 어조로 말했다.

그 전까지의 사상사는 모두 사상가 한 사람 한 사람의 주장을 장별로 나누어 기술했습니다. 예를 들어 '공자의 사상' '노자의 사상' 같은 식으로 말이죠. 하지만 저는 그들을 한자리에 놓고 한판 승부를 벌이게 했습니다. 그렇지 않으면 어떻게 '쟁명爭鳴'일 수 있겠습니까? (…) 이런 강의 방식은 청중들이 한동안 적응하기 힘들죠. 그래서 많은 청중이 강의를 다 듣고 "우리는 누구를 배워야 하죠? 그들의 어떤 말들이 우리가 사람 노릇을 하고, 일을 하고, 장사를 하는 데 도움이 되죠?"라고 물었습니다. 그들은 언제나 정해진 모범 답안을 원합니다. 스스로 머리를 쓰려 하지 않고 머리를 쓸 줄도 모르지요. 이것은 다 중국의 교육이 초래

265

한 죄악입니다! 중국 교육의 가장 큰 죄는 사람들의 머리를 나쁘게 만든 겁니다. 오늘날 중국 문화의 가장 큰 문제는 '오락화'와 '세속화'가 아니라 '저능화'입니다.

필자는 위의 인용문에 오늘날 현대 문화와 교육의 문제점에 대한 이중톈의 날카로운 비판 의식이 고스란히 담겨 있다고 본다. 그것은 그가 가장 문제시한 '저능화'뿐만 아니라 그보다 덜 주목한 '오락화' '세속화'도 포함된다. 지식과 문화의 '오락화'와 '세속화' 역시 심각한 문제다. 다만 이중톈은 이 두 가지가 '저능화'의 결과로서 상대적으로 부차적인 문제라고 보고 있는 듯하다.

이중톈의 위의 비판은 이번 이중톈 중국사 10권 『삼국시대』의 저자 후기에서 밝힌 그의 '삼국관三國觀'과 긴밀히 맞닿아 있다. 저자 후기에서 그는 "언제쯤 삼국을 잊게 될까"라고, 어떻게 보면 자기부정적인 푸념을 늘어놓는다. '삼국지 강의'를 통해 유명해진 그가 오히려 '삼국'이 중요한 시대가 아니었다고, 중국사 전체에서 진나라의 천하통일이나 춘추전국시대의 백가쟁명에 비해 그 중요성이 형편없이 떨어지는 사건들로 점철된 시대였다고 말한다. 그 이유는 무엇일까? 그가 보기에 그것은 주로 '픽션'인 『삼국연의』의 대중적인 영향력 때문이었다. 그러나 『삼국연의』는 객관적 사실史實의 기록물인 역사와 달리 충의와 간사함의 투쟁사로 삼국사를 오도하고 계책, 음해, 술수, 모략을 당 **266**

시 인물들의 보편적인 행태로 덧씌웠다. 충의의 대명사인 제갈량조차 주유를 상대할 때는 한낱 간교한 모사로 그려진다. 이에 대해 이중톈은 "실제로 『삼국연의』에서 오래도록 사람들이 아무리 봐도 질려 하지 않는 여덟 글자는 계책, 음해, 술수, 모략이다. 이것들은 전쟁터, 관료 사회, 비즈니스, 심지어 연애에서도 쓰이니 누가 원하지 않겠는가?"라고 개탄해 마지않는다. 그렇다. 이것이야말로 이중톈이 앞의 인터뷰에서 지적한 문화의 '오락화'와 '세속화'의 전형적인 단면이며 결국 '저능화'로 이어진다. 사람들은 역사인 '삼국'을 바로 보고 이해하려 하기보다는 소설인 『삼국연의』의 드라마틱한 요소들에 더 관심이 있고 그 흥미진진한 요소들이 끝없이 자기 복제와 증식을 거듭하며 눈앞에서 변주되기를 원하는 것이다.

그래서 이 이중톈 중국사 10권 『삼국시대』에서 이중톈이 다루는 것은 '삼국연의'가 아니라 '삼국시대'다. 그는 이 책에서 "독자들은 자기가 보고 싶었던 것을 보지는 못할 것이다. 단지 최대한 진실에 다가간 역사만을 볼 것이다"라고 말한다. 과연 그 진실이 무엇일지, 또 이중톈이 그 진실에 접근하는 방식은 무엇일지 우리 독자들은 기대감을 안고 이 책의 첫 장을 펴도 무방할 것이다.

2018년 4월

267

본문에 언급된
삼국시대 사건 연표

25년(건무建武 원년) 유수劉秀가 황제라 칭하고 후한 건국.

57년(중원中元 2) 광무제光武帝 62세로 사망. 아들 유장劉莊이 30세에 제위를 이어받아 한 명제明帝가 됨.

75년(영평永平 18) 한 명제 48세로 사망.

88년(장화章和 2) 한 장제章帝 32세로 사망. 아들 유조劉肇가 10세에 제위를 이어받아 한 화제가 됨. 두태후가 국정을 맡아 보고 두헌이 권력을 농단.

92년(영원永元 4) 14세의 한 화제와 환관 정중의 공격으로 두헌이 자살함.

106년(연평延平 원년) 한 상제, 2세로 사망. 조카 유호劉祜가 13세에 제위를 이어받아 한 안제가 됨.

121년(영녕永寧 2) 18세의 한 안제와 환관 이윤, 강경江京의 공격으로 등즐이 자살함.

125년(연광延光 4) 환관 손정 등 19명이 군대를 일으켜 한 순제를 옹립하고 염현은 자살함.

159년(연희延熹 2) 28세의 한 환제와 환관 당형 등의 공격으로 양기가 자살함.

167년(연희 10) 한 환제 36세로 사망. 두태후의 명으로 두무가 12살의 종실 유굉劉宏을 맞이해 황제로 세우는데 이 사람이 바로 한 영제가 됨.

168년(한 영제 건녕 원년) 환관 조절 등의 공격으로 두무가 패해 자살한 뒤, 목이 잘려 조리돌림당함.

189년(중평 6) 4월에 영제가 사망하고 아들 유변이 제위를 이어 소제가 됨. 외척 하진이 권력을 잡고 환관들을 모살하려다가 거꾸로 환관들에게 살해당함. 9월, 동탁이 도읍에 들어와 소제 유변을 폐하고 유협을 세우니 이 사람이 바로 한 헌제가 됨. 12월, 조조가 동탁 토벌을 위해 군대를 일으킴.

190년(초평 원년) 관동의 지방 세력들이 동탁 토벌을 위해 거병. 다수의 추천으로 원소는 맹주를, 조조는 비무장군을 맡음. 동탁은 홍농왕 유변을 죽이고 한 헌제를 위협해 장안으로 천도.

191년(초평 2) 원소는 스스로 기주목이 되어 조조를 동군태수로 삼았고 순욱은 원소 곁을 떠나 조조에게 몸을 의탁.

192년(초평 3) 여포가 동탁을 살해하고 원소에게 몸을 의탁. 조조는 연주목을 대리해 황건군 30만 명을 받아들여 청주병이라 칭함.

194년(흥평 원년) 여포는 연주목이, 유비는 서주목이 됨.

195년(흥평 2) 여름, 조조가 여포를 크게 격파. 7월, 한 헌제가 장안에서 동쪽으로 돌아감. 10월, 한 헌제가 조조를 연주목으로 임명.

196년(건안 원년) 6월, 조조가 유비를 예주목으로 삼음. 7월, 한 헌제가 낙양에 감. 8월, 조조가 스스로 사예교위와 녹상서사의 지위를 얻음. 9월, 조조가 허창으로 한 헌제를 맞아들여 그곳을 도읍으로 삼음.

197년(건안 2) 원술이 황제라 칭함. 원소는 대장군으로서 예주목, 청주목, 유주목, 병주목을 맡음.

198년(건안 3) 12월, 조조가 여포를 생포해 사살.

199년(건안 4) 6월, 원술 사망. 8월, 조조군이 여양에 주둔. 9월, 조조가 병사를 나눠 관도를 지키게 함. 11월, 장수가 조조에게 투항. 12월, 조조가 관도에 대본영을 설치.

200년(건안 5) 정월, 조조가 유비를 정벌. 2월, 원소군이 여양에 도착. 7월, 원소군이 양무에 진입. 8월, 원소군이 관도에 도착. 10월, 관도대전이 끝나고 원소가 패배. 같은 해, 손책이 칼에 찔려 사망하고 19세의 손권이 뒤를 이음.

201년(건안 6) 유비가 유표에게 몸을 의탁.

202년(건안 7) 원소가 병사.

<u>204년(건안 9)</u> 조조가 기주목을 맡고 연주를 반납.

<u>207년(건안 12)</u> 제갈량이 세상에 나옴.

<u>208년(건안 13)</u> 조조가 6월, 승상을 맡은 뒤 7월, 유표를 정벌하고 8월, 공융을 죽임. 12월, 적벽대전.

<u>209년(건안 14)</u> 12월, 주유가 강릉을 격파. 손권이 서주목을, 유비가 형주목을 맡고 손권이 누이동생을 유비에게 시집보냄.

<u>210년(건안 15)</u> 12월, 주유가 유비를 토벌하려다 파구에서 병사하고 임종 전 노숙을 후임자로 추천. 노숙은 육구에 군대를 주둔시키고 손권에게 형주를 유비에게 빌려주자고 건의.

<u>211년(건안 16)</u> 봄에 조조가 마초와 한수를 정벌. 12월, 유비의 대군이 촉에 입성.

<u>212년(건안 17)</u> 정월, 조조는 이름을 불리지 않고 황제를 알현하는 동시에 황제 앞에서도 종종걸음을 안 쳐도 되고 검과 신발을 착용할 수 있는, 한나라 소하와 같은 특혜를 누림. 5월, 마등을 주살하고 삼족을 멸함. 10월, 손권을 정벌하고 이때 순욱 사망.

<u>213년(건안 18)</u> 정월, 조조가 유수에서 철수. 5월, 조조가 기주의 열 개 고을에 위공으로 봉해지고 구석을 받음. 7월, 위나라 건국.

<u>214년(건안 19)</u> 여름, 유비가 성도에 들어가 익주목이 됨.

<u>215년(건안 20)</u> 3월, 조조가 장노를 정벌. 11월, 장노가 투항. 같은 해, **273** 손권이 유비에게 형주 반환을 요구.

216년(건안 21) 5월, 조조가 위왕이 됨.

217년(건안 22) 4월, 조조가 천자의 의례를 따라하고 조비가 위나라 태자가 됨.

219년(건안 24) 7월, 유비가 한중왕이라 칭함. 12월, 손권이 관우를 죽이고 자신을 신하로 칭하는 서신을 조조에게 보냄.

220년(건안 25) 정월, 조조 사망. 조비가 왕위를 이어받고 구품관인법을 실행. 10월, 조비가 한나라를 대신해 위 문제가 됨.

221년(위 문제 황초 2) 4월, 유비가 황제라 칭함. 8월, 조비가 손권을 오왕으로 봉함.

222년(황초 3) 이릉대전.

223년(황초 4) 4월, 유비가 죽고 유선이 뒤를 이음.

226년(황초 7) 조비가 죽고 아들 조예가 뒤를 이어 위 명제가 됨.

227년(위 명제 태화 원년, 촉한 건흥 5) 제갈량이 「출사표」를 올리고 첫 번째 북벌.

228년(위 명제 태화 2, 촉한 건흥 6) 봄에 촉군이 가정에서 패하고 제갈량이 마속을 처단. 12월, 제갈량의 두 번째 북벌.

229년(위 명제 태화 3, 촉한 건흥 7, 오나라 황룡 원년) 봄에 제갈량의 세 번째 북벌. 4월, 손권이 황제라 칭함.

231년(위 명제 태화 5, 촉한 건흥 9) 2월, 제갈량의 네 번째 북벌. 8월, 이엄이 평민으로 폐출됨.